예수는
이렇게
말했다

원점에서 다시 보는 기독교

서양철학 전문가의 신약성서 풀어 읽기
궁극의 가치를 논하는 주옥같은 언어들

예수는
이렇게
말했다

원점에서 다시 보는 기독교

이수정 지음

철학과현실사

일러두기

1. 이 책은 5개 장 50개 절로 구성된다. 장의 의미는 특별히 없다. 쉬어가기(인터미션) 정도로 생각해주기 바란다. 장의 제목도 반드시 복음서의 내용과 일치하지 않는다.
2. 글의 순서는 대체로 신약성서에 등장하는 순서를 따랐다.
3. 번역은 통상적인 번역을 따랐다. 아주 어색한 옛날식 표현은 의미의 손상이 전혀 없는 범위에서 일부 현대식으로 바꾸기도 했다.
4. 그리스어 원문은 인터넷의 *Greek Bible*(http://www.greekbible.com/index.php)을 참조했다.
5. 본문 중 일부는 〈경남도민신문〉의 칼럼 '아침을 열며'에 발표된 것임을 밝혀둔다.

책머리에

이 책은 예수의 언어들을 철학적으로 음미한다. 신약성서에서 예수의 주옥같은 발언들만 골라 뽑아 그 핵심적 의미를 조명했다. 기독교적 가치가 어떤 것인지 그 전경을 한눈에 보여주고 싶었다. 예수와 기독교를 위한 일종의 지도 혹은 이정표가 되면 좋겠다.

이런 생각을 해본 적이 있다.

기원전 5만 년부터 시작해 현재까지 탄생한 인간의 총수는 약 1,082억 명으로 추산된다고 한다. 그중 현재의 인구가 약 77억 명, 엄청난 숫자다. 그걸 한꺼번에 머릿속에 그려보려 하지만 도저히 그려지지가 않는다. 만 명만 해도 우리는 까마득해진다. 이럴 때 아마 '천문학적'이라는 수식어가 필요할 것이다. 그런데 그 엄청난 인간들 중에서 딱 한 명, 다른 모든 인간들에게 가장 잘 알려지고 가장 큰 영향을 끼친 인물을 딱 한 명 골라보라고 한다면 결과적으로 누가 뽑힐까?

아마도 예수일 것이다. 단연 압도적이다.

이건 사실 보통 일이 아니다. 그는 이 세상에 그다지 오래 머물지도 않았다. 베들레헴의 마구간에서 태어나 골고다의 십자가에서 인간의 생을 마감하기까지 불과 30여 년이다. 그런데도 그는 역사를 통틀어 압도적인 초저명 인사로 손꼽힌다. 엄청난 추종자랄까 신도를 거느린다. 그의 생일인 크리스마스만 보더라도 이 객관적 사실을 부인하기는 쉽지 않다. 부처도 공자도 무함마드도 소크라테스도 이 점에서는 그의 상대가 되지 못한다. 그 어떤 유명인의 이름을 떠올려보아도 이 조건에서 예수를 능가하는 인물은 없다.

도대체 뭣 때문일까? 그의 이름에는 '하나님의 아들'이라는 수식어가 따라다닌다. (예수 자신은 다른 사람들에 대해서도 이 호칭을 사용했고 자신은 굳이 '사람의 아들'[인자]이라고 강조하기도 했다.) 이게 정말인지 어떤지는 소위 신앙의 문제지 우리가 그걸 확인할 수 있는 건 아니다. 그럼에도 불구하고 그는 그렇게 불리며 기독교 내에서는 심지어 신 자신으로 해석되기도 한다. 이런 평가가 있다는 것은 어쨌거나 객관적인 사실이다. 이게 터무니없고 황당한 과장일까? 아니다. 이런 평가가 나올 만하다. 그는 그럴 만큼 유명하며 영향력이 있다. 무엇보다 그 내용이 그럴 만하다. 그래서 다시 물어본다. 도대체 그게 뭘까?

나는 생각해봤다. 답은 그의 말과 삶이었다. 그것은 따로따로가 아니었다. 그의 말과 삶은 혼연일체를 이루고 있어 구별이 불가능했다. 무엇보다도 십자가에서의 죽음이 그 증거다. 그의 말(로고스)은 곧 그 자신이었다. 그래서 그는 "태초에 말씀이 계시니라"(Ἐν ἀρχῇ ἦν ὁ λόγος)라고 할 때의 그 말씀(로고스)과 신학적으로 동일시되기도 한다.

그래서다. 나는 그의 말들을 들여다봤다. 내가 지난 40여 년간 공부한 모든 철학으로 중무장을 하고서 들여다봤다. 때로는 망원경도 동원했고 때로는 현미경도 동원했다. 물론 처녀수태, 수상보행, 부활 등 신화적인 부분들은 건드리지 않았다. (할 말이 없는 건 아니지만) 그런 건 신앙의 문제로서 별도의 논의가 필요하기 때문이다. 여기서는 다만 예수를 좋아하고 존경하는 한 사람의 철학자로서 철저하게 학문적 균형을 고려했다.

나의 감각으로는, 예수는 언어의 천재다. 육중한 주제들을 맛깔스런 비유로 주무른다. 때로는 친절한 설명도 곁들인다. 그러면서도 단호하다. 이렇게 하기는 정말 쉬운 일이 아니다. 나는 그 단어의 의미들이 최대한 본연의 맛을 내도록 조리해 예쁘게 그릇에 담아내고 약간의 양념을 더했을 뿐이다. 이 책의 진정한 저자는 예수 본인이다. 많은 사람들이 선입견 없이 이 위대한 언어들을 함께 음미해주셨으면 좋겠다. 이 말들의 실천이 인간을 한껏 높은 곳으로 끌어올려 '하나님의 자녀'

로 만들어줄 것이다. 이 말들이 바로 천국의 문을 여는 열쇠, 황금의 열쇠다.

그리고 혹시 이것이 계기가 되어 누군가가 예수에게로 향하는 길을 걷게 된다면, 그리고 신앙인들이 그 믿음의 원천을 다시 보게 된다면, 나는 그것을 내 생의 크나큰 영광으로 생각할 것이다. 나는 철학자이기 때문에, 이 글은 철저하게 철학적인 바탕 위에서 해석되었기에, 그리고 쉬운 에세이이기 때문에, 아마도 목사님이나 신학자들의 그것과는 그 역할이 다를 것이다. 흥미로운 독서가 되기를 기대한다.

이 책은 내가 2019년 1년간 중국 북경대학과 북경사범대학의 외적교수(外籍教授)로 머무는 동안 우연히 인연이 닿은 북경 CBMC(Connecting Business and Marketplace to Christ, 기독실업인회), 구체적으로는 그 산하 조직인 BKBN (Beijing Korean Businessmen's Network, 북경한인사업가연대)의 회원들과 교류하면서 나눈 대화들이 계기가 되었다. 그분들의 그 선량한 눈빛과 표정들이 하나하나 떠올라 가슴이 아련해져온다. 베풀어주신 그간의 사랑에 대해 진심으로 감사를 전하고 싶다. 그들이 모인 그곳은 예수의 영토, 하나님의 나라, 작은 천국이었다.

2020년 초봄 다시 서울에서
이수정

차 례

2. 마가와 함께

3. 누가와 함께

4. 요한과 함께

5. 바울과 함께

1.

마태와 함께

01. 회개하라

"이때부터 예수께서 비로소 전파하여 이르시되 '회개하라, 천국이 가깝나니' 하시더라."(Ἀπὸ τότε ἤρξατο ὁ Ἰησοῦς κηρύσσειν καὶ λέγειν, Μετανοεῖτε, ἤγγικεν γὰρ ἡ βασιλεία τῶν οὐρανῶν)(마태 4:17)

"가라사대 '때가 찼고 하나님 나라가 가까웠으니 회개하고 복음을 믿으라' 하시더라."(마가 1:15)

어디에서나 교회 십자가를 쉽게 볼 수 있는 오늘날의 한국 사회에서 "회개하라"(Μετανοεῖτε)라는 이 말을 들어보지 못한 사람은 아마 거의 없을 것이다. 그러나 심지어 교회 안에서조차, 이 말을 자기 자신에 대한 경고로 무겁게 듣는 사람은 그렇게 많지 않은 것 같다.

나는 '가치'를 탐구하는 한 사람의 철학자로서 이 말을 가치 중의 가치로 인정하는 편이다. (공자의 '정'[正], 부처의 '도'[度], 소크라테스의 '지'[知]와 더불어 예수의 이 '회개'[悔改]라는 말을 이른바 '궁극의 철학'으로 손꼽는다.) 종교적-신학적인 편향이 아니라 객관적으로 볼 때 그렇다. 기독교의, 특히 신약 세계의, 특히 예수 그리스도의 언어 중 가장 핵심적인 한마디로 주목한다. 이 말은 대단히 상징적이다. 잘 읽어보면 여기엔 "비로소 … 이르시되"라는 보고가 있음을 알 수 있다. 이것이 예수의 첫 공식적 발언이라는 말이다. 무엇이든 '처음'이라는 것은 특별한 의미를 갖는다. 하물며 이 경우는 이른바 '신의 아들'이라고 일컬어지는 예수 그리스도, 기독교 내부에서는 심지어 신 자신으로 해석되기도 하는 특별하고도 특별한 존재의 말이다. 2천 년 넘게 전 세계적 규모로 엄청난 추종자를 갖는 존재의 말이다. 이게 특별하지 않을 도리가 없다.

그런데 그는 왜 하필 "회개하라"는 말로 그의 공식적인 '전파' 활동을 시작했을까?

여기엔 '잘못'과 '죄'라는 것이 전제돼 있다. 우리 인간들의 잘못과 죄다. 그걸 스스로 깨우치고 뉘우치라는 말이다. 다시는 그 잘못을 반복하지 말라는 말이다. 맥락과 뉘앙스를 보면 이건 권유가 아니라 외침이자 명령이다. 그래서 이건 사실 엄청나게 부담스러운 말이기도 하다. 동헌에서 듣는 사또 마님의 "네 죄를 네가 알렸다!"나 경찰이나 검찰의 취조실에서 듣는 "너의 죄를 솔직히 자백해!"라는 말보다, 혹은 예전에 많이 듣던 "자수하여 광명 찾자"보다 더 무서운 말이다. 왜냐하면 신은 전지전능한 존재, 즉 내가 인정하건 말건 이미 모든 걸 다 알고 있고 모든 걸 다 할 수 있는 (벌을 줄 수도 있는) 그런 존재이기 때문이다. 그럼에도 불구하고 굳이 '회개하라'고 하는 건 자기의 잘못과 죄에 대한 '자각'과 '자인'이 그만큼 중요하기 때문이다. 왜냐하면 그 자각과 자인이 이미 문제 해결의 절반이 되기 때문이다. '시작이 반이다'라는 게 여기서도 적용되는 것이다. 그리고 예수의 이 말에는 이미 '용서'와 '구원'이 전제돼 있기 때문이다. 그래서 이 말은 실은 엄청난 사랑의 발언이 된다. 모든 죄인에 대한, 죄인일 수밖에 없는 모든 인간에 대한, 사랑의 발언인 것이다.

그런데 이른바 교인이 아닌 사람에게는 이 말이 황당하게 들리기도 한다. 내가 뭘 잘못했냐는 것이다. 나름 착하고 성실하게 살아왔다는 것이다. 그래서 속으로 대뜸 반발하기도 한다. 그런데 나는 한 사람의 철학자로서 이런 반발이 터무니없다고 단정한다. 귀납적 논리를 적용해볼 때, 우리 인간들 중에 잘못과 죄에서 예외인 존재는 전무에 가깝다고 해도 좋을 것이기 때문이다. "너희 중에 죄 없는 자가 먼저 돌로 치라"(요한 8:7)고 한 예수의 기준으로 볼 때는 더욱 그렇다.

나는 한때 '인간학'을 강의하면서 막스 셸러가 정리한 서양의 전통적 인간관 다섯 가지를 학생들에게 소개해주곤 했는데, 그 첫 번째 '종교적 인간'의 내용적 핵심이 '피조물'(ens creatum)과 '죄인'(pecator)이라는 것이었다. 적지 않은 사람들이 기독교의 이 대전제에 대해 의문을 품는다. 혹은 부담을 느낀다. 그러나 이건 외면할 수 없는 진실이다. 이른바 선악과로 인한 아담과 이브의 원죄 운운은 그 상징이다. 카인이 아벨을 죽인 것도 그 상징이다. 우리는 죄인이라는 이 전제를 현실 속에서 적나라하게 확인한다. 세상에 넘쳐나는 감옥 안 수감자들은 말할 것도 없고, 신문이나 TV의 뉴스를 보더라도 죄의 보편성을 확인하는 일은 결코 어렵지 않다. 그건 현상학적으로도 증명할 수 있다. 우리 인간들의 모든 삶이 예외 없이 '고'(苦, dukka)로 가득 차 있기 때문이다. 그건 저 석가모니 부처가 확인해준다. '일체개고'(모든 것이 괴로움이다), 그게 저 불교의 대전제이기 때문이다. 그가 말하는 2고, 3고, 4고, 8고, 108번뇌 … 그런 걸 생각해보면 우리의 삶 자체가 마치 형벌과 같다. 형벌은 애당초 누가 받는 것인가. '죄인'이 받는 것이다. 이게 현상학적 진실이다. 그래서 우리는 '죄인'이 확실한 것이다. 현상을 뒤집어 읽으면 그렇게 된다.

오늘도 우리는 온갖 형태의 뉴스에서 그 죄들을 전해 듣는다. 부귀공명을 누리는 경제인, 정치인, 공직자, 유명인들은 아예 단골이다. 그래서 예수의 저 말은 2천 년 넘어 지금 여기서도 여전히 유효한 것이다.

"회개하라. 천국이 가깝나니."

상하좌우, 동서남북, 남녀노소, 전후원근, 다 마찬가지다. 회개하기 바란다. 용서와 구원이 기다릴 것이다.

02. 천국이 가깝나니

　"회개하라", 예수 그리스도의 첫 공식 발언인 이 역사적인 말에는 "천국이 가깝나니"(ἤγγικεν γὰρ ἡ βασιλεία τῶν οὐ ρανῶν, for the kingdom of heaven is near)(마태 4:17)라는 말이 함께 붙어 있다. '천국이 가깝다', 이 말을 나는 하나의 수수께끼처럼 가슴에 품고 있다.

　이 말에 얽힌 추억이 하나 있다. 몇 년 전 방문학자로 미국 케임브리지의 하버드대학에 머물고 있을 때, '철학의 형성: 동양 대 서양'이라는 주제로 특강을 한 적이 있었다. 공자의 '정'(正), 부처의 '도'(度), 소크라테스의 '지'(知), 그리고 예수의 '애'(愛)를 이른바 '궁극의 철학'으로 제시하고 그 취지를 설명했다. 그랬더니 질의응답 시간에 현지의 시민 한 분이 "그렇다면 부처의 니르바나와 예수의 천국은 어떻게 다른가"라는 질문을 던졌다. 그때 나는, "문제의 출발점과 맥락이 다른 철학적 가치들을 단순 비교하는 것은 그 문제의 핵심을

22

놓칠 위험이 있다. 일단은 각각의 문맥 속에서 그 각각의 의미를 정확히 이해하는 것이 우선이다. 니르바나는 '고'(苦)와의 연관에서 생각해야 하고 천국은 '죄'(罪)와의 연관에서 생각해야 한다." 그런 취지로 답변을 했다. 별 신통한 답변은 못 되었을 것이다.

그런데 그게 계기가 되어 '천국이란 무엇인가'가 나의 철학적 주제로 가슴 한편에 자리 잡게 된 것이다. 신학적으로 어떤 정답이 있는지 나는 잘 모른다. 그게 저 구름 위에 있는지, 저 죽음 뒤에 있는지도 알지 못한다. 모르는 건 모른다고 답할 수밖에 다른 도리가 없다. 사기를 치고 싶진 않으니까. 공자도 죽음 뒤는 모른다 했고 소크라테스도 그건 모른다고 했다. 그러니 평범한 일개 서생인 내가 그걸 알 턱이 없다. 그러나 철학적으로는 할 말이 없지 않다. '죄 내지 잘못을 회개한, 뉘우친 이후의 상태', 그런 게 자신에게든 타인에게든 그리고 세상에게든 이른바 '천국'이 될 수 있다는 말이다. 그런 건 저 구름 위나 죽음 뒤나 그런 것처럼 멀리 있지 않다. 회개와 동시에 곧바로 실현되는 것이니 '가까운'(near) 것, '이미 온'(ἤγγικεν, 엥기켄) 것이다. '회개만 하면 거기가 바로 천국이다', 천국이 가깝다는 예수의 이 말을 나는 이렇게 해석한다. 황당한 말이 절대 아닌 것이다. 상상해보라, 죄가 있는 상태와 그 죄가 소멸된 상태를. 천국이 굳이 따로 있을 필요도 없는 것이다.

잘못과 죄를 숨기거나 인정하지 않고 가슴속에 품고 있으면 그 상태가 곧 지옥이다. (물론 이른바 사이코패스들의 경우는 그렇지 않다고 하는데 그들의 마음속이 정말로 평온한지 그것도 그들 속에 들어가 보지 않는 한 알 수가 없다. 그들의 마음속엔 과연 지옥이 없을까? 언제나 천국 같을까?) 그 죄가 진행 중인 거라면 더 말할 나위도 없다. 우리는 그런 많은 이야기들을 듣고 있다. '털어놓고 나니 시원하다'고 하는 이야기도 많이 듣는데, 나는 그런 상태도 '작은 천국'이라고 생각하는 편이다. 우리네 삶의 전체적인 힘듦을 생각해보면 '그것만 해도 어디야', '그것만 해도 대단해'라는 게 요즘 나이 들어가면서 내가 강하게 느끼는 가치관이다.

소박하게 말하자면, 죄란 다른 사람으로 하여금 '좋지 않다'고 느끼게 만드는 모든 짓이다. 기독교적으로는 아마 그 첫 번째에 '신'이 있을 것이다. 신이 '좋지 않다'고 느낀다면 그게 죄인 것이다. 이는 "하나님 보시기에 좋았다"고 한 저 창조의 목적에 반하기 때문이다. 우리 인간들은 보통 나의 생각과 말과 행동이, 즉 내가 하는 짓이 상대방에게 좋을 것인지 나쁠 것인지를 잘 생각하지 않는다. (나는 그것을 '나만주의'라고 개념화한 적이 있다.) 그게 모든 잘못과 죄의 원천이다. 죄의 시작이다. 무시, 왕따, 욕설, 거짓말, 괴롭힘, 사기, 횡령, 도둑질, 폭행, 강간, 살인 … 그 모든 게 다 그 죄의 범위에 들어간다. 상대방을 좋지 않게, 싫게, 엄청나게 나쁘게 만드는 것이다. 이런 모든 것들이 우리의 삶의 공간을 '지옥'으로 만드는 것이다.

천국은 그 대치점에 있다. 그게 '회개'와 더불어 곧바로 펼쳐지는 것이다. 이 모든 죄들, 내가 지은, 짓고 있는, 짓게 될 그 죄를 인정하고 뉘우치는 것이 바로 회개인 것이다. 나의 상태와 상대방의 상태를 고려하는 것이다. 특히 그 '나쁨'을 고려하는 것이다. 말은 참 쉽다. 그러나 실제로 나 자신이 이것을 인정하고 뉘우치고 고려하는 것은 지난의 과제다. 우리의 실제 현실을 돌아보면 곧바로 확인된다. '잘못했다'는 말은, '다시는 안 그럴게'라는 말은, '정말 미안하다'는 말은, (이게 곧 회개이건만) 정말 듣기가 힘들다. 거의 사어가 되어버렸다. 정치인들도 국가들도 예사로 남들을 나쁘게 만든다. 이쪽은 죽을 지경이고 실제로 죽기까지도 하는데, 그렇게 만든 저들은 희희낙락 잘만 살아간다. 위안부-징용공의 경우, 윤일병의 경우, 윤창호의 경우, 설리의 경우 … 안타깝게 죽은 자는 한도 끝도 없다. 오죽하면 신의 아들인 예수까지 나서서 "회개하라"고 외쳤겠는가. '회개'가 그만큼 드문 일이기 때문이다.

회개하라, 죄진 자들이여, 그러면 바로 천국이 펼쳐질 테니. 그게 바로 천국일지니. 아주 가까이 있는 실질적인 천국. "잘못했다. 다시는 안 그럴게…" 정말 듣고 싶은 말이다. 누구든 그 말을 들으면 정말 천국의 느낌을 받을 것이다. 속 썩

이는 자식들에게도, 형제들에게도, 부모들에게도, 친구들에게도, 범인들에게도, 악플러들에게도, 테러리스들에게도, 일본에게도 …. 명심해두자. 천국은 결코 멀리 있지 않다. 손만 뻗으면 닿는 곳, 아주 가까이에 있다. 천국은 회개와 연결돼 있다. '잘못했다', '반성한다', '뉘우친다'는 한마디 말, 그게 바로 천국의 문을 여는 열쇠, 황금의 열쇠다.

03. 사람이 떡으로만 살 것이 아니요

"그때에 예수께서 성령에게 이끌리어 마귀에게 시험을 받으러 광야로 가사 사십 일을 밤낮으로 금식하신 후에 주리신지라, 시험하는 자가 예수께 나아가서 가로되 '네가 만일 하나님의 아들이어든 명하여 이 돌들이 떡덩이가 되게 하라.'

예수께서 대답하여 가라사대 기록되었으되 '사람이 떡으로만 살 것이 아니요, 하나님의 입에서 나오는 모든 말씀으로 살 것이라 하였느니라.'(Οὐκ ἐπ' ἄρτῳ μόνῳ ζήσεται ὁ ἄνθρωπος, ἀλλ' ἐπὶ παντὶ ῥήματι ἐκπορευομένῳ διὰ στόματος θεοῦ.) 하시니…"(마태 4:1-4, 누가 4:4)

신약성서 마태복음에 나오는 유명한 이야기다. 나는 이 부분이 예수의 공식 발언 이전에 등장하는 직접 발언이라는 점에서 좀 특별히 주목하는 편이다. 물론 여기 등장하는 '마귀' 내지 '시험하는 자'가 어떤 존재인지 그와 예수의 이 은밀한 대화가 어떻게 기록되었는지 또 어떻게 마태에게 알려졌는지 그런 건 나로서는 알 도리가 없다. 그냥 사실이라고 전제하고 들을 수밖에 없다. 예수를 좋아하고 존경하니까. 단, 이 발언의 내용은 대단히 사실적이다. 그리고 대단히 철학적이다. "사람이 떡으로만 살 것이 아니요", 이 말을 좀 음미해보기로 하자.

번역은 별로 마음에 들지 않는다. 성경의 최초 한글 번역자라는 나와 동명이인 이수정의 번역인지 그쪽 전문가가 아니라 확인해보진 않았지만, 설령 그렇더라도 마음에 들지 않는다. 어색하기 때문이다. 요즘 떡으로만 사는 사람은 없기 때문이다. 차라리 '밥'이라고 하면 그나마 훨씬 낫다. 지금 시대라면 '빵'이 가장 적절한 번역일 것이다. (영어 성경에는 'by bread alone'으로 되어 있다.) 시비 같지만 그냥 여담이다.

중요한 것은 그 내용이다. 여기서 예수가 언급한 '떡'(ἄρτος, 빵)은 '음식'을 가리킨다. '먹을 것'이다. 그걸로만 살 수는 없고 그걸로만 살아서는 안 된다는 말이다. 물론, 먹고 사는 것이 중요하지 않을 턱이 없다. 먹지 않으면 살 수가 없으니까. 실제로 (신의 아들이라는) 예수 자신도 30여 년간 먹고 살았고, 성서에 보면 빵 다섯 개로 5천 명을 (그리고 일곱 개로 4천 명을) 먹인 이야기도 나온다. 최후의 만찬도 결국은 먹는 이야기다. 그러니 예수 본인도 먹는 것의 중요성을 몰랐을 턱이 없다. ("내가 무리를 불쌍히 여기노라. 저희가 나와 함께 있은 지 이미 사흘이매 먹을 것이 없도다. 길에서 기진할까 하여 굶겨 보내지 못하겠노라"[마태 15:32] 한 말이 그 증거다.) 작가 김훈의 글 〈밥벌이의 지겨움〉은 그 의미를 확실히 부각시켜주기도 한다. 그렇다면 예수는 왜 이런 이야기를 한 것일까?

우선은 이 '밥벌이'에 온 삶을 다 바치는 우리의 삶의 행태를 경계하기 위함이다. 이 밥벌이는 요즘 식으로 말하자면 '돈벌이'와 연결된다. ('다 먹고살자고 하는 짓이다'라는 세간의 말이 그것의 진실성을 알려준다) 그래서 예수가 말한 '떡'은 결국 인간의 모든 물질적 지향을 상징한다. 떡-밥-빵-돈-물질은 다른 모든 것을 덮어버린다. 이것 때문이라면 모든 악들이 다 용인되는 것이다. 빵 때문에 도둑질을 한 장발장의 이야기가 그것을 상징한다. 그 도둑질의 연장선에 모든 악들이 줄줄이 엮여 있다. 거짓말-횡령-사기-폭행 … 그리고 심지어 살인까지. 얼마나 많은 악들이 우리 인간의 물질지향에 연유하는지를 차분히 생각해보면 실로 경악을 금할 수가 없게 된다. 그런 것들이 이 땅 여기저기에 끔찍한 지옥을 구축하는 것이다.

그래서다. 그래서 예수는 "하나님의 입에서 나오는 모든 말씀으로 살 것이라 하였느니라." 하고 경계한 것이다. 빵만을 추구하는 삶과 그로 인한 악의 반대 내지 대안 제시인 셈

이다. 그게 말씀과 선(善)인 셈이다. '하나님의 … 말씀', 이
것도 상징이다. 모든 선의 상징이다. 신(神)은 곧 모든 선의
주인이기 때문이다. ("하나님[神] 보시기에 좋았더라[善]"라
고 하는 창세기의 저 유명한 언급이 그 근거가 된다.) 이 '말
씀'에는 구약에 등장하는 여호와의 말씀은 물론, 그 하나님의
아들인 예수의 언어들도 다 포함되고, '말씀'의 그리스어 원
어인 '로고스' 즉 '이성'도 다 포함된다. 이성적인 삶을 살아
야 한다는 말이다. 즉 옳고 그름, 좋고 나쁨, 아름답고 추함,
그런 걸 판별해서 진-선-미를 추구하며 살아야 한다는 말이
다. 그래야 인간이라는 말이다. 그 구체적인 내용들은 성서에
보면 차고 넘친다. 예수 본인이 남긴 '말씀'만 해도 사실 어
마어마하다. 우리는 그중 단어 몇 개만 받아들이고 실천해도
이미 마귀의 손아귀를 벗어난다. 사랑, 용서, 허심, 온유, 화
평, 긍휼 … 이른바 산상수훈에만 해도 감당하기 벅찰 정도
로 많다. 그래서 예수는 위대한 것이다.

그는 30대 청년이었고 나는 지금 60대 중반이지만, 나는
기꺼이 그의 발 아래 무릎을 꿇고 그의 발등에 입을 맞출 수
있다. 참고로 나는 공식적인 크리스천이 아니다. 다만 그를
좋아하고 존경하는, 그의 철학이야말로 궁극의 철학이라고
확신하는, 일개 철학자일 뿐이다.

그가 말한 "말씀으로 살 것이라…"야말로 그런 궁극의 철
학이다. 이런 철학의 재건이 절실한 요즈음이다. 보라, 세상

에 넘치는 저 '떡'의 지향을! 그리고 그로 인한 저 보무도 당당한 악들의 행진을!

04. 사람을 낚는 어부가 되게 하리라

"갈릴리 해변에 다니시다가 두 형제 곧 베드로라 하는 시몬과 그 형제 안드레가 바다에 그물 던지는 것을 보시니 저희는 어부라, 말씀하시되 '나를 따라 오너라, 내가 너희로 사람을 낚는 어부가 되게 하리라.'(Δεῦτε ὀπίσω μου, καὶ ποιήσω ὑμᾶς ἁλιεῖς ἀνθρώπων.) 하시니, 저희가 곧 그물을 버려두고 예수를 좇으니라."(마태 4:18-20, 마가 1:17)

기독교를 조금이라도 아는 사람은 누구나 '베드로'라는 이 이름을 들었을 것이다. (서방세계의 저 무수한 피터, 페터, 삐떼흐, 뻬떼르 … 등도 다 그를 기리는 이름들이다. '피터 팬'도 그중 하나다.) 그 베드로와 예수의 첫 만남을 전하는 장면이다. 이 베드로가 바울과 더불어 오늘날의 기독교를 있게 한 결정적인 인물이었다는 점, 그리고 그 기독교가 2천 년 이상 그리고 전 세계적으로 엄청난 영향력을 지닌 거대종교라는

32

점을 감안해보면 이 장면은 실로 역사적인 장면이 아닐 수 없다.

나는 예전에 〈제자론의 한 토막〉이라는 글을 책과 신문에 발표한 적이 있는데, 거기서 이른바 인류 4대 성인이 모두 훌륭한 제자들 덕분에 세상에 알려져 오늘날과 같은 존재가 될 수 있었다는 점을 강조했다. 공자의 경우, 안회(顔淵)를 비롯해 민자건(閔子騫), 염백우(冉伯牛), 중궁(仲弓), 재아(宰我), 자공(子貢), 염유(冉有), 계로(季路), 자유(子游), 자하(子夏), 증삼(曾參) 등 논어에 등장하는 무수한 제자들, 부처의 경우, 아난다를 비롯해 사리불, 목건련, 마하가섭, 수보리, 부루나, 가전연, 아나율, 우바리, 라후라 등 10대 제자, 소크라테스의 경우, 플라톤을 비롯해 크리톤, 파이돈, 크세노폰 등 무수한 제자들, 그리고 예수의 경우, 이 베드로를 위시해 이른바 12 제자(안드레, [대]야고보, 요한, 빌립, 바돌로매, 도마, 마태, [소]야고보, [다대오]유다, 셀롯, [가룟]유다, 맛디아), 그리고 바울, 마가, 누가, 바나바 등이 각각 그 스승의 가르침을 기록하고 전파해 전 인류에게 그 선한 영향을 끼칠 수가 있었던 것이다. 그 제자들의 공이 결코 작다 할 수 없다.

나는, 나 자신이 평생 학교 선생으로 살아왔기에 이 부분을 특별히 주목하고 있다. 예수는 왜 '나를 따르라'고 어부인 베드로를 불렀을까? '신의 아들'이라고 하는 만큼, 그는 아마도 제자의 중요성을 누구보다도 잘 알았을지 모른다. 사실,

종교적인 부분을 괄호 치고 말하자면, 예수의 길지 않은 인간적 생애에서 가장 두드러지는 것은 그의 교육활동과 의료활동이다. 가르치고 고쳐주는 것이 그의 주된 일이었던 것이다. 그가 '랍비'(Rabbi: 선생님)라 불린 것도 그 때문이다.

그는 그렇게 그 자신이 선생으로서 베드로 등 열두 제자를 낚은 어부였고 그 제자들도 또한 그렇게 사람을 낚는 어부가 되도록 가르친 것이다. 이 위대한 전통이 그 후 2천 년간 낚아 올린 사람들을 생각해보면 정신이 아득해질 정도다. 현재 전 세계에 존재하는 무수한 신학대학들 및 미션스쿨들도 아마 그 전통을 계승했을 터이다. 그 모든 이들이 각각 자기 자리에서 나름의 노력으로 이 세계를 선한 방향으로 유도했음을 생각해보면 그 원점에 있는 이 예수의 베드로 낚기가 어떤 의미인지를 충분히 짐작할 수 있다. '위대하다'는 단어로도 아마 불충분할 것이다.

그런데 우리는 지금 어떤가. 우리는 지금 과연 이런 예수식 '사람 낚기'에 관심이 있는가. 이런 종류의 낚기에서는 그것의 '어떤'(How)이 핵심에 놓여 있지 않으면 안 된다. '선을 위한' 낚기가 되지 않으면 안 되는 것이다. 사람을 낚아서 사기를 치게 한다든지, 돈 벌 궁리만 한다든지, 출세의 도구로 삼는다든지, 세력을 키운다든지 해서는 그 낚기가 선한 의미를 지닐 수 없다. 경우에 따라서는 그 자체가 위험이 될 수도 있고 악이 될 수도 있고, 않느니만 못한 것이 될 수도 있고 해서는 안 될 일이 될 수도 있다. 그래서 '어떤'이 중요한 것이다.

어떤 사람을 낚아 어떤 것을 가르쳐 어떤 일을 하게 할 것인가. 예수의 모든 발언 내용에 그 답이 있다. 결국은 '선'이다. 그게 진정한 교육이라는 것이다. 예수가 모범을 보인 베드로 낚기. 키우기. 선을 위한 재목 만들기.

21세기의 세상은 지금 너무나 복잡하게 돌아가고 있지만, 원리는 언제나 시공간을 초월해 '단순한' 것이다. 기본은 영원불변이기 때문이다. 세상에는 사람과 사람이 있고 선생과 제자가 있다. 선생은 제자의 재목을 알아보고 낚시를 드리워 혹은 그물을 던져 '낚아야' 한다. 그리고 그를 가르쳐야 한다. 키워야 한다. 단, 무엇을? '선'을 위한 것이다. 사람의 '좋음'을 위한 것이다. 나만의 좋음이나 패거리의 좋음이 아닌, 세상의 '좋음'을 위한 것이다. 그것이 아마 '신의 좋으심'과 자동 연결될 것이라고 나는 믿어 마지않는다. 나도 그런 좋음을 위해 세상이라는 바다에 책이라는 낚시를 드리우고 있는데 아직은 별로 입질이 없다.

05. 마음이 가난한 자는 복이 있나니

"심령이 가난한 자는 복이 있나니 천국이 저희 것임이요…"
(Μακάριοι οἱ πτωχοὶ τῷ πνεύματι, ὅτι αὐτῶν ἐστιν ἡ
βασιλεία τῶν οὐρανῶν, Blessed are the poor in spirit;
for theirs is the kingdom of heaven, 虚心的人有福了. 因为
天国是他们的.)(마태 5:3)

예수의 이른바 '산상수훈'에 맨 처음 등장하는 말이다. 이
른바 8복 중의 하나다. 내 식으로 말하자면 '예수의 가치론'
에 해당한다. 나는 이 말을 무척이나 좋아한다. 그래서 선전
을 좀 하고 싶다. 민들레 씨앗처럼 공중에 흩날려 퍼뜨리고
싶다.

그런데 문제가 하나 있다. 이 말의 핵심인 '심령이 가난한
자' 혹은 '마음이 가난한 자'라는 것이 어떤 상태의 사람인지
(그 표현 때문에) 의미가 불명료한 것이다. 철학은 이런 불명

료함을 잘 용인하지 못한다. 그래서 '이해'와 '해석'이 필요해진다. 철학 공부를 조금 하다 보면 가다머의 '해석학'에서 이런 철학적 개념들을 접하게 된다. 소개하자면, 텍스트의 지평과 해석자의 지평이 하나로 융합되는 이른바 '지평융합'이 곧 이해이고 그 이해의 완성이 곧 해석이라는 것이다. '지평'이란 문제를 바라보는 시야를 가리킨다. 딱딱한 철학적 단어들을 나열해 송구하다. 쉽게 풀자면, 책에 쓰인 난해한 말을 나 자신의 의식-지식-경험으로 미루어 짐작해 '아하, 이거구나' 하고 통하게 되면 그게 바로 '이해'라는 말이다.

'심령이 가난한 자'라는 말도 그런 이해와 해석의 대상이 된다. 그리스 원어로는 "Μακάριοι οἱ πτωχοὶ τῷ πνεύματι, ὅτι αὐτῶν ἐστιν ἡ βασιλεία τῶν οὐρανῶν"이라고 되어 있다. '심령이 가난한 자'(οἱ πτωχοὶ τῷ πνεύματι)의 의미는 여전히 좀 불투명하다. 그러나 중국어 번역을 보면 조금은 이해에 도움이 된다. 위에서 굳이 중국어를 병기한 까닭이다. '허심한 사람' 즉 마음을 비운, 마음이 비어 있는 사람이라는 뜻이 된다. 이건 이해가 가능한 말이다. 허심이란 욕심을 내려놓는 것이다. 그렇다면 이제 예수의 이 말도 이해할 수 있게 된다.

우리 인간의 마음이라는 것은 사실 좀 정체불명이다. 이걸 논하자면 책 몇 권으로도 모자란다. 하나의 학문 분야가 필요하다. 그러나 극도로 단순화시키면 이게 욕망의 덩어리라는 게 부각된다. 대표적인 것이 돈을 탐하는 것, 지위 내지 권력을 탐하는 것, 공적을 탐하는 것, 명성을 탐하는 것, 이른바 부귀공명에 대한 욕망이다. 그게 우리 인간의 마음이란 것이다. 온갖 희로애락이 다 이것들과 얽혀 있다. 행복과 불행이라는 것도 다 이 욕망들이 지휘하고 연주하는 교향곡이다. (심지어 그것이 주변 사람들은 물론 전 인류에게 해악을 끼치기도 한다.) 그러나 자신의 인생을 돌아보면 누구나 다 알겠지만, 이게 결코 우아하고 감미롭지만은 않다. 욕망은 쓰디쓴 뒷맛을 동반한다. 부-귀-공-명, 생각해보라, 그 뒷맛이 어떤 것이었는지. 가져본 사람들이 가장 잘 알 것이다. 어떤 영광에도 그 장막 뒤엔 검은 악마가 도사리고 있다. 고(苦)가, 고통이, 괴로움이 마치 그림자처럼 동반되는 것이다. 심지어 사랑조차도 예외가 아니다. 지극한 사랑 끝에 생활고가 있거나 자식이 속을 썩이는 경우도 있는 것이다. 그래서다. 마음이, 심령이, 즉 욕망이, 욕심이, 우리 인간을 지옥행 열차에 몰아넣는다. 우리 대부분 인간들의 여실한 삶의 모습이다.

그러면 이제 답이 보인다. "심령이 가난한 자는 복이 있나니", 그렇게 되는 것이다. 마음을 비운 사람, 욕심을 내려놓은 사람, 그런 허심한 사람이 복이 있다는 말이다. '복이 있다'는 것은 축복받은 상태가 된다(blessed)는 말이다. '천국이 저희 것'이라는 것도 다른 말이 아니다. 욕망에서 자유로운 상태가 되면, 즉 욕망의 지배에서 벗어나면, 고통과 괴로움이 사라지니 (혹은 덜게 되니) 그게 곧 천국이라는 말이다. 욕망은 고통의 원인이니, 원인인 욕망이 비워지면 결과인 고통도 사라진다. "이것이 있으므로 저것이 있고, 이것이 없으므로 저것이 없다." 불교의 이른바 인연법이다. 예수도 이미 이것을 통찰하고 있었던 셈이다.

물론 '천국'이 어떤 곳인지 어디에 있는지, 그건 하나의 신학적 과제다. 이미 고백했지만, 나는 그 정체를 잘 모른다. 그것이 구름 위에 있는지 죽음 뒤에 있는지, 알 길이 없다. 그러나 마음을 비우고 고통이 사라진, 그리하여 평온한 상태가 되면 그게 '거의 천국'이라는 것은 나도 인정할 수 있다. 많은 사람들이 공감할 것이다.

그러니 굳이 고통이 쓴바귀처럼 맛있다는 생각이 아니라면 마음을 비우자. '허심한 사람'이 되자. 욕심을 덜자. 거기에 작은 천국, 소박한 천국이 펼쳐질 것이다. "심령이 가난한 자는 복이 있나니 천국이 저희 것임이요…" 예수의 이 말은 진리가 아닐 수 없다.

06. 긍휼히 여기는 자는 복이 있나니

"긍휼히 여기는 자는 복이 있나니 저희가 긍휼히 여김을 받을 것임이요…"(μακάριοι οἱ ἐλεήμονες, ὅτι αὐτοὶ ἐλεηθήσονται.)(마태 5:7)

'긍휼'(矜恤), 좀 낯선 말이다. 요즘 이 말을 입에 올리는 사람은 거의 없다. 사전을 찾아보면 '불쌍히 여김'이라고 나온다. 그러면 쉽게 이해가 된다. 그러나 말은 쉽지만 이 말을 자기가 직접 행하는 일은 결코 그렇게 쉽지 않다. 예수의 산상수훈에 이 말이 등장한다는 것 자체가 이게 사람들에게 쉽지 않다는, 그런 사람이 드물다는 반증이라고 나는 해석한다.

긍휼이란 나 아닌 남에 대한 나의 태도요 자세요 행위이다. '타인'(=남)에 대한 시선이 이 개념 자체에 본질적으로 내재돼 있는 것이다. 20세기 프랑스 철학이 그토록 강조해 마지 않았던 '타자'(l'autre)라는 게 이미 2천여 년 전 예수의 철학에 등장하는 셈이다. 그 타인의 사정을, 특히 그의 딱한 사정을 고려하고 배려하는 게 바로 긍휼이다. 이 '긍휼'은 저 유명한 맹자의 이른바 사단칠정에 등장하는 '측은지심'(惻隱之心)과도 다르지 않다. 맹자는 '무측은지심 비인야'(無惻隱之心 非人也)라고 말했다. "불쌍히 여기는 마음이 없으면 아예 사람도 아니다"라는 것이다. 그리고 이 측은지심이 이른바 '인'(仁: 사랑)의 단초(惻隱之心 仁之端也)라고도 말했다. 나는 이 말을 공감하고 지지해 마지않는다.

생각해보자. 예수도 맹자도 왜 이런 말을 했을까? 사람들은 보통 '자기'(=나)를 중심으로 생각하고 행동한다. 그래서 기본적으로 이기적이다. 그건 어느 정도 양해될 수 있다. 인간이 각각 개체인 이상 그건 원리나 본능에 속하는 문제이기도 하다. 그러나! 수많은 철학자들이 지적하듯이 인간은 결코 혼자서 살아갈 수 없다. 타자들과의 '공동존재'(Mitsein)가 애당초 인간의 존재구조에 포함되어 있는 것이다. 로빈슨 크루소의 이야기가 그걸 상징적으로 잘 말해준다. 그런데 바로 그 타자들에게 '불쌍한 사정'이 있는 것이다. 그래서 '불쌍한 사람'이 있는 것이다. 불쌍한, 가련한, 딱한 사정… 한도 끝도 없다. 중국의 지하철 등에 부착된 양보문구의 저 '老弱病残孕'(노약병잔잉)도 그 구체적 사례다. 다 불쌍한 사람들이다. "수고하고 무거운 짐 진 자들아 다 내게로 오라"라는 예수의 말에 나오는 '수고하고 무거운 짐 진 자들'도 그 수고와 무거운 짐을 생각해보면 역시 불쌍한 사람들이다. 나는 예전에 어떤 글에서 솔로몬의 말을 패러디하여 "불쌍하고 불쌍하며 불쌍하고 불쌍하니 모든 이가 다 불쌍하도다"라고 말한 적이 있다. 불쌍함의 보편성을 지적한 것이다. 부처가 말한 소위 2고, 3고, 4고, 8고, 그리고 108번뇌가 그 근거였다.

그런데도 그 불쌍함을 사람들은 잘 보지 않는다. 나만 잘 먹고 잘 살면 그만, 타인의 불쌍함은 안중에 없다. 그런 경향과 태도를 나는 '나만주의'라며 질타하기도 했다. 예수와 맹자의 제자로서.

예수는 '나만' 생각하는 그런 보통 사람들과 달리 '불쌍한 사람들', '수고하고 무거운 짐 진 사람들'에게 눈길을 보내고 있다. 아니, 성경의 기록들을 보면 그는 단지 눈길만 보낸 것이 아니라, 그 자신의 발길과 손길을 보내기도 했다. 그런 수많은 증거들이 있다. 그래서 그는 '신의 아들'인 것이다.

누구나가 예수처럼 할 수는 없다. 그러나 적어도 교회는 불쌍한 사람들에게 눈길과 발길과 손길을 보내는 그런 일들을 해줬으면 좋겠다고 나는 기대한다. 어디 슈바이처와 테레사 수녀뿐이겠는가. 나는 그런 수많은 훌륭한 분들을 개인적으로 알고 있다. 그래서 무한한 존경심을 느끼기도 한다.

다만 평범한 개인들에게는 그것까지 기대하기는 힘들다. 이른바 '이타'는 언감생심이다. 나는 현실을 잘 알고 있다. 인간은 그렇게까지 훌륭한 존재가 못 된다. 윤리도 도덕도 양심도 보통 사람들에게는 부담이다. 오직 소수의 드문 자들(die Wenigen)만이 그렇게 할 수 있다. 그래서 그 훌륭함이 돋보이는 것이다. 그래서다. 평범한 개인들의 경우는 최소한 남을, 타인을 불쌍하게 만들지만 말기를 나는 기대한다. '그것만 해도 어디야'라는 게 최근 나의 가치관이다. 현실을 보라. 무수한 사람들이 양심의 가책도 없이 아무렇지도 않게 남들을 괴롭히거나 위해를 가해 남들을 불쌍한 존재로 만들어버린다. 갑질, 괴롭힘, 악플, 사고, 범죄, 살인, 테러 … 등등. 많다. 많아도 너무 많다.

그렇게 불쌍해진 존재들을 좀 불쌍히 여기자. 그러면 우리도 불쌍히 여김을 받을 거라고, 즉 보상을 받을 거라고 예수가 보장했다. 누구로부터? 아마도 '신으로부터'일 것이다. 그리고 아마 그 이전에 '다른 누군가로부터'일 것이다. 그것은 작지 않은 구원이 된다. 잊지 말자. "불쌍하고 불쌍하며 불쌍하고 불쌍하니 모든 이가 다 불쌍하도다." 불쌍함에서 예외인 자는 아무도 없다. 그래서 '긍휼'은 우리 모두의 과제인 것이다.

07. 만일 소금이 그 맛을 잃으면
무엇으로 이를 짜게 하리오

"너희는 세상의 소금이니 소금이 만일 그 맛을 잃으면 무엇으로 짜게 하리오. 후에는 아무 쓸데없어 다만 밖에 버려져 사람에게 밟힐 뿐이니라."(Ὑμεῖς ἐστε τὸ ἅλας τῆς γῆς· ἐὰν δὲ τὸ ἅλας μωρανθῇ, ἐν τίνι ἁλισθήσεται; εἰς οὐδὲν ἰσχύει ἔτι εἰ μὴ βληθὲν ἔξω καταπατεῖσθαι ὑπὸ τῶν ἀνθρώπων.)(마태 5:13)

"소금은 좋은 것이로되 만일 소금이 그 맛을 잃으면 무엇으로 이를 짜게 하리오. 너희 속에 소금을 두고 서로 화목하라."
(마가 9:50)

산상수훈에서 보이는 예수의 이 '소금론'은 다소 특이하다. 다른 어떤 '가치론'에서도 소금이 등장하는 예는 별로 본 적이 없다. 특히 요즘처럼 염분 과다 섭취로 사람들이 건강을 해치고 이른바 저염식이 권장되는 상황에서는 예수의 이 소금론이 악의적인 시빗거리가 될 수도 있다. 하지만 이른바 과학이 발달하지 못한 2천여 년 전의 예수가 그런 염분(Na)의 폐해를 몰랐다고 해서 그게 그의 신성 내지 권위 혹은 가치에 흠집이 되지는 않는다. 왜냐하면 예수가 말하는 이 '소금'은 하나의 상징이기 때문이다. "소금은 좋은 것이로되…"라는 말이 그것을 알려준다. 소금은 '좋은 것'의 상징인 것이다. 맛도 맛이려니와 그것이 생명의 유지에 필수불가결한 무기질인 것도 학교교육을 받은 사람이라면 대개는 다 알고 있다. 그런 점에서 소금이 좋은 것임은 확실하다.

중요한 것은 그 '좋음'의 내용이다. 그 '의미'다. 나는 여기서 '맛'이라는 말과 '쓸데'라는 말을 주목한다. 그리고 '세상'이라는 말과 '화목'이라는 말을 주목한다.

소금이 그러하듯이 사람에게도 '맛'이라고 하는 '쓸데'(=쓸모)가 필요하다. 그런데 사람의 '맛'? 그게 뭘 뜻하는 걸까? 그냥 문학적인 표현이 아니라 여기엔 하나의 철학적 의미가 감추어져 있다. 소금의 맛은 '짠' 것이다. 짜게 하는 것이, 짜게 해서 맛있게 만드는 것이 소금의 '쓸데'인 것이다. 그것은 소금의 '본질' 혹은 '본질적 기능 내지 역할'이다. 바로 그런 본질 내지 역할이 사람에게도 있는 것이다. 예수의 이 말은 사람도 소금처럼 그 본질에 충실하라는, 충실해야 한다는 말이 될 수 있다. 그렇지 못하면 쓸모없어 버려진다는 것이다.

좀 뚱딴지같은 말로 들릴지 모르지만, 나는 이것을 저 공자의 '정명론' 및 플라톤의 '정의론'과 연결해서 생각해본다. 간단히 말하자면, 공자의 정명론은 군-신-부-자로 대표되는 각각의 신분들이 각각 제자리에서 자기 이름값을 제대로 해서, 즉 자기 역할에 충실해서, 온전한 세상을 만들어야 한다는 것이고, 플라톤의 정의론은 지도자-수호자-생산자로 대표되는 각각의 신분들이 각각 자기의 덕을 실현할 때 종합적으로 국가의 덕인 정의가 실현될 수 있다는 것이다.

바로 그 '이름'(名)과 '덕'(arete)이 예수가 말한 '맛'과 연결되는 것이다. 그게 '좋은 본질'인 것이다. 그게 각각 공자가 생각하는 '천하', 플라톤이 생각하는 '국가', 그리고 예수가 생각하는 '세상'을 '좋은' 것으로 만드는 '쓸데'(=쓸모), 즉 기능과 역할을 하는 것이다.

그런데 그게 참 쉽지가 않다. 누구든 입으로는 당위를 인정하면서도, 현실을 보면 이름값을 제대로 하는 이름들도 많지가 않고, 덕을 제대로 실현하는 계급들도 많지가 않고, 짠맛을 내는 소금이어야 할 인간들도 이런저런 이유들로 그 맛을 제대로 내지 못한다. (짜야 할 소금이 시기도 하고 쓰기도 하고, 특히 달고자 하는 강한 경향을 갖는다.) 삶이라는 음식을 먹기 좋도록 짜게 만들지 못하는 것이다. 맛을 잃는 것이다. 그 결과는? 버려져 밟히는 것이다.

나는 이것을 '사회적 의미 내지 존재가치의 상실'로 해석한다. 요즘의 세상을 둘러보면 그런 사람들이 너무나 많다. 원래는 모두가 소금이었으되 그 짠맛을 잃어버린 아무짝에도 쓸데없는 소금, 그런 사람들이 너무나 많다. 아니, 쓸데없는 정도가 아니라 독소만 남아 사람과 세상의 건강을 해치는 '나쁜 소금'들도 너무나 많다.

그러나 예수의 이 말이 여전히 의미를 갖는 것은 언제나 어디서나 이런 말에 귀를 기울이는 사람들이 실제로 없지 않기 때문이다. 제대로 짠맛을 내는 (혹은 내려는) 그런 소금들이다. 그런 사람들은 소금이 여러 음식 재료들을 버무려 하나의 맛있는 요리로 만들어내듯이 사람과 사람을 서로 버무리는 역할(=기능)을 수행한다. 그게 바로 예수가 말한 '화목'이라고 나는 해석한다.

각자 자기 자신을 돌이켜 생각해보자. 나는 과연 소금인가. 나는 과연 짠맛을 내고 있는가. 사람들을, 세상을, 먹을 만한 음식으로 만들고 있는가. 혹 그 맛을 잃어버린 것은 아닌가. 나는 그 답을 눈물 속에서 찾을 수 있다고 생각한다. 나 아닌 다른 누군가를 위해 눈물을 흘린 적이 있다면, 그 눈물에서 짠맛이 난다면, 그는 소금이다. 그런 소금은 예수가 요리하는 맛있는 세상을 위해 아마 요긴한 양념으로 쓰일 것이다.

08. 너희는 세상의 빛이라 …
이같이 너희 빛을 사람 앞에 비취게 하여

"너희는 세상의 빛이라. 산 위에 있는 동네가 숨기우지 못할 것이요, 사람이 등불을 켜서 말 아래 두지 아니하고 등경 위에 두나니, 이러므로 집 안 모든 사람에게 비취느니라. 이같이 너희 빛을 사람 앞에 비취게 하여 저희로 너희 착한 행실을 보고 하늘에 계신 너희 아버지께 영광을 돌리게 하라."(마태 5: 14-16)

"누구든지 등불을 켜서 그릇으로 덮거나 평상 아래 두지 아니하고 등경 위에 두나니 이는 들어가는 자들로 그 빛을 보게 하려 함이라. 숨은 것이 장차 드러나지 아니할 것이 없고 감추인 것이 장차 알려지고 나타나지 않을 것이 없느니라."(누가 8: 16-17)

‘빛’은 신약성서에서 중요한 상징으로 자주 등장한다. 조사를 해보니 (‘빛나다’를 포함해) 마태복음에 10번, 마가복음에 1번, 누가복음에 9번, 요한복음엔 무려 24번이나 등장한다. 예수 본인도 이 말을 즐겨 입에 올린다. 위에 인용한 것이 가장 대표적이다. 요한복음에는 이 빛이 예수 자신에 대한 상징으로 언급되어 있다. (“예수께서 또 일러 가라사대, 나는 세상의 빛이니 나를 따르는 자는 어두움에 다니지 아니하고 생명의 빛을 얻으리라.”[Πάλιν οὖν αὐτοῖς ἐλάλησεν ὁ Ἰησοῦς λέγων, Ἐγώ εἰμι τὸ φῶς τοῦ κόσμου· ὁ ἀκολουθῶν ἐμοὶ οὐ μὴ περιπατήσῃ ἐν τῇ σκοτίᾳ, ἀλλ' ἕξει τὸ φῶς τῆς ζωῆς.][요한 8:12]) 그러나 인용한 마태복음에서는 제자들을 지칭하고 있다. 문맥을 보면 이것은 결국 ‘착한 행실’과 연결된다. 빛은 ‘선’(善)의 상징인 것이다. 그게 이미 전제로 되어 있다. 그러니 그 자체가 빛이라 할 수 없는, 즉 선하지 못한 사람은 이 말과 아예 상관이 없다.

누구든 자신이 과연 빛인지, 과연 선한지, 당당하게 예수의 곁에 다가갈 수 있을지, 주저되는 바가 없지는 않겠지만, “너희는 세상의 빛이라…”를 ‘그리 되라’는 격려로 생각하고 이말을 음미해보기로 하자.

그런데 유심히 들여다보면, 예수의 이 말이 ‘빛’ 자체를 논하는 것이 아니라 그 방점이 빛을 보이게 함, 보게 함에 찍혀있다는 것을 우리는 쉽게 알 수 있다. 예수는 숨은 것을 드러나게 하고 감추어진 것을 알리고 나타나게 하라고 제자들을 독려하고 있는 것이다. 이른바 은둔 혹은 은자를 일종의 가치 내지 미덕으로 생각하는 동양적 전통에서는 이러한 보이게 함, 보게 함, 알림, 나타냄, 드러냄이 마음을 좀 편치 않게 할 수도 있다. 그러나 예수가 이런 말을 한 데는 까닭이 있다. 요즘 시대에 유행하듯이, (자칫 역겨울 수도 있는) '자기 PR'을 하라는 것이 아니라, 그냥 세상에 나가 선한 행실을 하라는 말이다. 그것을 보이라는 말이다. 선한 행실은 그 자체가 빛이기 때문에 본질상 감추거나 숨겨서는 안 되는 것이다. 높은 곳에 두어 전체를 환히 밝혀야 하는, 볼 수 있도록 하는 책무가 있는 것이다. 요컨대 모범이 되어야 하는 것이다.

어떻게 보면 너무나도 당연한 말이다. 그런데 이 당연하고 뻔한 말을 예수는 왜 한 것일까? '하나님의 아들'씩이나 되는 존재가 이 말을 굳이 한 데는 까닭이 있다. 그 선한 행실을 통해 (즉 그것을 사람들에게 보임으로써) "하늘에 계신 너희 아버지께 영광을 돌리게 하라"는 것이다. 그러니까 쉽게 말하자면 사람들이 그런 행실을 보고 '아, 하나님을 따르는 사람들은 이렇게 선하구나' 하는 것을 알아 하나님을 빛나게 하라는 말이다. 아주 간단한 논리다.

그런데 어떻게 보면 이것도 아주 당연한 말이다. 이 말에는 또 다른 까닭이 있을 수도 있다. 확대해석이지만, 이 말의 배경에는 빛이 빛을 보지 못하는(=드러나지 못하는, 어둠이 빛을 가리는), 빛이 빛을 숨기는, 그런 사정이 있는 것이다. 아닌 게 아니라 현실은 그렇다. 은둔과 은자가 미덕으로 거론된다는 것 자체가 인간 세상에 빛이 가려지는 그런 강력한 경향이랄까 사정이 있다는 것을 알려준다.

세상의 절반은 어둠이 지배한다. 밤의 존재가 그것을 상징한다. 환한 대낮에도 모든 존재에는 어두운 그림자가 따라다닌다. 그것을 밝히라고 예수는 독려하는 것이다. 그리고 그런 사람을 격려하는 것이다. 자기 자신의 빛을 드러내는 것은 말할 것도 없지만, 다른 사람의 빛을 드러내는 것도 '등경(=등잔대) 위에' 두는 일이다. 그렇게 해서 우리는 세상의 밤을 밝히고 대낮의 그림자를 걷어내야 한다.

언론도 교육도 출판도 예수가 말한 그 '너희'가 되지 않으면 안 된다. '누구든지' 그 너희가 되지 않으면 안 된다. 언론도 교육도 그리고 교회도 지금 과연 스스로 빛인지, 혹은 빛을 제대로 조명해주고 있는지 점검해보지 않으면 안 된다. 예수의 이 말이 사람들의 귀를 울린 지 2천 년도 더 지난 지금도 세상은 여전히 그다지 밝지 못하고 빛은 구석에 처박혀 있거나 그릇으로 덮여 있고, 쥐들은 밤낮을 가리지 않고 어둠 속을 휘젓고 다니기 때문이다. 세상의 '너희들'이 사그라드는 등잔의 심지를 돋우고 그것을 높은 등잔대 위에 자리 잡게 해주었으면 좋겠다. 나는 우선 가장 먼저 '예수'라는 등불을 이 책이라고 하는 등경 위에 올려둔다. 예수는 빛이다. 하나

님께 영광을 돌리기에는 이만한 빛이 없다. 가릴 수 없는 빛
이다. 그의 빛으로 부디 세상이 밝았으면 좋겠다. 밝은 범위
가 한 뼘이라도 더 넓어졌으면 좋겠다.

09. 네 오른손의 하는 것을
왼손이 모르게 하여

"너는 구제할 때에 오른손의 하는 것을 왼손이 모르게 하여 네 구제함이 은밀하게 하라. 은밀한 중에 보시는 너의 아버지가 갚으시리라."(σοῦ δὲ ποιοῦντος ἐλεημοσύνην μὴ γνώτω ἡ ἀριστερά σου τί ποιεῖ ἡ δεξιά σου, ὅπως ᾖ σου ἡ ἐλεημοσύνη ἐν τῷ κρυπτῷ: καὶ ὁ πατήρ σου ὁ βλέπ ων ἐν τῷ κρυπτῷ ἀποδώσει σοι.)(마태 6:3-4)

해마다 연말이면 누군가가 구세군 냄비에 거액을 익명으로 넣어 화제가 되고는 한다. 그는 아마도 예수의 이 말을 실천하고 있는 것일 거라 짐작된다. 이 세상에는 그런 사람들이 적지 않게 있다. 그런 분들은 어쩌면 "너의 아버지가 갚으시리라" 하는 것조차 기대하지 않을지도 모른다. 주는 것 자체가 그들에게는 아마 완전한 의미일 것이다. 철학에서는 그런 것을 필요충분조건이라 부르기도 한다. 어떤 행위에 대해 다른 이유, 다른 조건이 필요 없다는 말이다. 선행이란 그런 것이다. 나는 이런 모습을 무한한 존경심으로 우러러본다.

말이야 쉽다. 하지만 이런 실천이 어디 쉬운 일인가. 구제, 즉 남을 도와주는 것, 혹은 선행, 그 자체도 쉽지 않은 일이지만, 그런 귀한 일을 하면서 그것을 드러내지 않는다는 것은 더 쉽지 않은 일이다. 보통은 대부분 자기를 드러내고 싶어하고 그런 자기를 남들이 알아주기 바란다. 예수께는 죄송하지만, 나는 그런 마음을 자연스러운 것으로 인정한다. 특별히 나쁜 것은 아니라고 본다. 탓하지 않는다. 왜냐하면 그게 인간의 본성이니까.

그러나 우리는 생각해볼 필요가 있다. 예수가 왜 이런 이야기를 굳이 했겠는가. 요즘 식으로 말하자면 이른바 '보여주기 식' 구제가 꼴불견이기 때문이다. 진심이 담겨 있지 않은 경우가 있기 때문이다. 더욱이 떠벌리기도 한다. 그런 것을 우리는 '생색'이라 부르기도 한다. 그런 건 그나마 있는 공조차도 무색하게 만들어버린다. 공을 스스로 지우는 지우개와도 같은 것이다.

이런 꼴불견이 세상에는 적지 않게 있다. 그건 분명히 경계해야 한다. 구제 내지 선행의 경우뿐만이 아니다. 일반적으로 '자기를 드러냄'이 다 그렇다. 나는 어떤 훌륭한 학자 한 분을 알고 있다. 그분은 정말 많은 노력을 해서 많은 지식을 갖고 있는 흔치 않은 수준에 도달한 분이다. 그런데 도대체 무슨 한이 맺혔는지 그 발언들은 절반 이상이 자기과시, 자기 자랑으로 채워진다. 그래서 그 수준을 스스로 끌어내린다. 그 공을 그 자기과시가 다 까먹어버리는 것이다. 안타까운 노릇이 아닐 수 없다. 알아줌이 너무 없는 사회풍토 탓일까? 이해는 된다.

일반적으로는 잘 알려져 있지 않지만, 실은 저 노자(老子)의 철학에도 예수의 '오른손 철학'과 비슷한 것이 있다. 아니, 있는 정도가 아니라 그 핵심에 놓여 있다. 그는 자연에게서 그런 '겸양'의 태도를 배우고 있다. 이른바 '공수신퇴'(功遂身退), '공성이불거'(功成而弗居)가 그것이다. "공을 이루고 몸은 물러난다", "공을 이루되 거기에 거하지 않는다"는 것이다. 예수의 말과 취지가 서로 통한다. 공으로 치자면 자연의 모든 것이, 아니 자연 그 자체가 다 공이다. 아름다움은 말할 것도 없고 모든 생명들을 살게 한다. 어마어마한 공이다. 그러나 자연은, 혹은 그 자연의 창조 및 주관자인 조물주는 그 공을 스스로 드러내지 않고 뒤로 물러나 있다. 그래서 그 공을 잃지 않는다(夫唯弗居 是以弗去)고 노자는 일갈했다. 독일의 거철 하이데거는 그런 것을 존재의 '물러섬'(Entzug) 내지 '자기배제'(Enteignis)라 부르기도 했다.

드러내지 않고, 자랑하지 않고, 떠벌리지 않고, 생색내지 않고, 조용히 남몰래 살짝 은밀히 주기만 하는 사랑이 없지는 않다. 저 구세군 냄비의 경우만이 아니다. 세상 모든 부모들의 사랑이 그런 것이다. 만유에 대한, 그리고 모든 인간에 대한 신의 사랑이 그런 것이다. 그 신의 아들인 예수의 사랑도 그런 것이다. 더할 수 없이 큰 거룩한 사랑이건만, 그들은 그 공을 드러내지 않는다. 우리가 새기고 또 새기며 수련해야 할 덕목이 아닐 수 없다. 나는 이것을 '오른손의 철학'이라 부르고 있다. 예수의 철학이다.

10. 염려하지 말라 … 너희 중에 누가 염려함으로 그 키를 한 자나 더할 수 있느냐

.

"그러므로 내가 너희에게 이르노니 목숨을 위하여 무엇을 먹을까 무엇을 마실까 몸을 위하여 무엇을 입을까 염려하지 말라. 목숨이 음식보다 중하지 아니하며 몸이 의복보다 중하지 아니하냐. 공중의 새를 보라. 심지도 않고 거두지도 않고 창고에 모아들이지도 아니하되 너희 천부께서 기르시나니, 너희는 이것들보다 귀하지 아니하냐. 너희 중에 누가 염려함으로 그 키를 한 자나 더할 수 있느냐. 또 너희가 어찌 의복을 위하여 염려하느냐. 들의 백합화가 어떻게 자라는가 생각하여보아라. 수고도 아니 하고 길쌈도 아니 하느니라. 그러나 내가 너희에게 말하노니, 솔로몬의 모든 영광으로도 입은 것이 이 꽃 하나만 같지 못하였느니라. 오늘 있다가 내일 아궁이에 던지우는 들풀도 하나님이 이렇게 입히시거든, 하물며 너희일까 보냐. […] 그러므로 염려하여 이르기를 무엇을 먹을까 무엇을 마실까 무엇을 입을까 하지 말라. 이는 다 이방인들이 구하는 것이라, 너희 천부께서 이 모든 것이 너희에게 있어야 할 줄을 아시느니라. 너희는 먼저 그의 나라와 그의 의를 구하라. 그리하면 이 모든 것을 너희에게 더하시리라. 그러므로 내일 일을 위하여 염려하지 말라. 내일 일은 내일 염려할 것이요, 한 날 괴로움은 그날에 족하니라.”
(마태 6:25-34)

사람마다 다 다르겠지만 나는 개인적으로 예수의 발언들 중 이 말을 특별히 좋아한다. “염려하지 말라”(μὴ μεριμνᾶτε)는 말이 가장 핵심이지만, 그뿐만도 아니다. 여기서는 목숨과 몸의 소중함, 인간의 귀함, 염려의 무력함, 들풀-들꽃의 아름다움, 의식주의 필요성, 천국과 그 의로움의 지향, 신에게 내맡김 … 등 예수 특유의 가치론이 보석처럼 반짝이고 있기 때문이다. 표현도 아주 문학적이다. 특히 “너희 중에 누가 염려함으로 그 키를 한 자나 더할 수 있느냐”, “솔로몬의 모든 영광으로도 입은 것이 이 꽃 하나만 같지 못하였다”, “내일 일은 내일 염려할 것이요, 한 날 괴로움은 그날에 족하다” 같은 표현은 너무나 시적이어서 사람의 감성을 파고든다.

“염려하지 말라”는 말을 음미해보자. 이 말은 염려로 점철되는 우리 인간의 현실적 삶을 생각해볼 때, 작지 않은 종교적-철학적 의미를 지닌다. 특히 이 발언이 ‘신의 아들’에 의한 것임을 받아들인다면, 그 의미는 더 커진다.

사실 이 ‘염려’에서 자유로운 인간은 아무도 없다. 만일 있다면 그는 어떤 특별한 경지에 도달한 사람이 틀림없을 것이다. 혹 부처나 장자가 그런 사람이었을까? 잘은 모르겠다.

내가 전공한 하이데거 철학에 보면, '염려'(Sorge)라는 것을 아예 '인간의 존재'로 규정하고 있다. 인간이 한평생 염려의 손아귀에서 벗어날 수 없음을 그는 알려준다. 염려-걱정이 인간존재의 근본구조에 속한다는 말이다. 그걸 강조하기 위해 '쿠라'(cura: 걱정의 신) 우화를 인용하기도 하는데, 그건 하이데거의 《존재와 시간》에서 가장 흥미로운 부분이기도 하다.

어쩌면 바로 그래서 예수가 이런 말을 했을지도 모른다. "염려하지 말라"고. "하늘에 맡기라"고. 하더라도 "내일 일까지 염려하진 말라"고. 혹자는 예수의 이 발언에 대해 '유비무환' 정신에 반한다고, 무대책이 능사냐고, 반감을 가지기도 한다. 설마하니 예수가 그걸 몰랐겠는가. 예수는 의식주에 대한 염려보다 더 숭고한 어떤 방향을 가리키고 있는 것이다. 그게 바로 '신의 나라와 신의 의(義)'라는 것이다. 그게 '먼저'라는 것이다. '먹고 마시고 입고' 하는, 즉 의식주에 관한, 즉 '먹고사는' 일에 관한, 그런 염려는 '그 다음'이라는 것이다. 그런 건 하늘에 맡기라는 것이다. 바로 이것이 예수의 예수다운 면모다. 먹고사는 걱정보다 의로움을 우선하는 이런 면모는 사실 저 공자, 부처, 소크라테스도 공유하는 바였다.

우리 시대는 지금 그런 방향에서 탈선해 모두가 '욕망이라

는 이름의 전차'를 타고 어딘지도 모를 곳으로 질주하고 있
다. 나는 그 미래가 두렵다. 염려가 된다. 그 종착지가 어디일
지 짐작이 잘 되지 않는다. 거기가 어떤 파라다이스가 아님은
분명해 보인다. 해골이 나뒹구는 황무지 혹은 폐허가 아니기
를 바랄 뿐이다. 이런 '내일 일 걱정'은 예수의 이 발언에 배
치되는 것일까? 아니다. 이런 걱정은 아마도 '하나님의 나라
와 그 의로움'이라는 것과 무관하지 않을 것이다. "염려하지
말라"는 예수의 말을 나는 역설적으로, 이런 염려에 대한 위
로와 격려의 말로 해석하고 받아들인다.

　　"먼저 그의 나라와 그의 의를 구하라"(ζητεῖτε δὲ πρῶτον
τὴν βασιλείαν [τοῦ Θεοῦ] καὶ τὴν δικαιοσύνην αὐτοῦ)
라는 말을 지키기 위해 지금도 열심히 뛰고 있는 적지 않은
사람들을 나는 알고 있다. 그들은 아마도 하나님과 '그의 아
들'인 예수를 믿고 의지하고 있을 것이다. 나의 이 소박한 언
어들이 그런 이들을 위한 지지와 응원, 위로와 격려가 되었으
면 좋겠다. 염려하지 마시라. 당신들이 있는 한, 이 욕망의 열
차가 낭떠러지로 떨어지는 일은 없을 것이다. 그렇게 파멸에
이르기에는 신의 창조물인 이 인간이라는 존재가, 그리고 그
들의 세상이 너무 아름답지 않은가, 너무 아깝지 않은가.

2.
마가와 함께

11. 보물을 땅에 쌓아 두지 말라 …
하늘에 쌓아 두라

"너희를 위하여 보물을 땅에 쌓아 두지 말라. 거기는 좀과 동록이 해하며 동록이 구멍을 뚫고 도적질하느니라. 오직 너희를 위하여 보물을 하늘에 쌓아 두라. 저기는 좀이나 동록이 해하지 못하며 도적이 구멍을 뚫지도 못하고 도적질도 못하느니라. 네 보물 있는 그곳에는 네 마음도 있느니라."(Μὴ θησαυρίζετε ὑμῖν θησαυροὺς ἐπὶ τῆς γῆς, ὅπου σὴς καὶ βρῶσις ἀφανίζει, καὶ ὅπου κλέπται διορύσσουσιν καὶ κλέπτουσιν: θησαυρίζετε δὲ ὑμῖν θησαυροὺς ἐν οὐρανῷ, ὅπου οὔτε σὴς οὔτε βρῶσις ἀφανίζει, καὶ ὅπου κλέπται οὐ διορύσσουσιν οὐδὲ κλέπτουσιν: ὅπου γάρ ἐστιν ὁ θησαυρός σου, ἐκεῖ ἔσται καὶ ἡ καρδία σου.)(마태 6:19-21)

유명한 산상수훈(=산상설교)의 일부이다. 예수의 참으로 특이한 가치론이다. 이 말의 주제는 누가 보아도 '보물'(Θησ αυρός)이다. 눈이 번쩍 뜨이고 귀가 쫑긋해지는 단어가 아닐 수 없다. 어린 시절에 읽은 로버트 루이스 스티븐슨의 소설 《보물섬》을 기억하는 사람들은 어쩌면 이 단어를 듣는 것만으로도 가슴이 좀 설렐지 모른다. 뚜껑 열린 보물 상자에 가득 차 번쩍이는 금은보화들이 곧바로 머릿속에 그려지면서. 바닷속에 가라앉은 몇 백 년 전의 이른바 '보물선'도 마찬가지다.

여기서 말하는 이 '보물'이란 물론 우리 인간들이 소중히 여기는 '귀한 것들', 온갖 '좋은 것들'의 상징이다. 대표적으로는 '재물'일 것이다. 물론 재물만은 아니다. 아마도 유사 이래 대부분의 인간들이 추구해 마지않았던, 공자도 지적한 바 있는 부귀(富與貴是人之所欲也) 내지 부귀영화, 혹은 소크라테스도 지적한 바 있는 '돈, 지위, 명성', 즉 '부-귀-공-명'이 다 포함될 것이다. 이것들을 추구하는 것이 소위 '인생'의 실질적인 내용이기도 하다.

그런데 예수의 이 말을 유심히 들여다보면, 혹은 유심히 들어보면, 우리는 이 보물에 두 가지 종류가 있음을 알 수가 있다. '땅에 쌓아 두는 보물'과 '하늘에 쌓아 두는 보물'이 그것이다. 땅에 쌓아 두는 보물이 아마도 부귀공명일 것이다. 창고 혹은 금고가 그것을 상징할 것이다. 오늘날은 어쩌면

'계좌'와 '등기부'가 그 대표일지도 모르겠다. 거기에 쌓인 '잔고' 내지 주식, 채권, 지재권, 회원권, 그리고 부동산, 예술품 … 기타 등등 형태는 아주아주 다양하다.

그런데 우리는 이 '말씀'을 들으면서 긴장하지 않으면 안된다. 예수는 이런 것들에 대해 '쌓아 두지 말라'고 그 가치를 부정한다. '말라'라고 하는 금지어가 마치 공이처럼 종을 울려 그 육중한 울림이 낮은 음향으로 귓가에 오래 남는다. 이런 가치관은 사실 신약성서 전반에 기본적으로 깔려 있다. "부자가 천국에 들어가는 것은 낙타가 바늘귀로 들어가기보다 더 어렵다"는 말과 "가이사의 것은 가이사에게 하나님의 것은 하나님에게", "너희가 하나님과 재물을 겸하여 섬기지 못하느니라"라는 말이 대표적이다. 그러니 실은 교회에 가서 이런 것들을 '주시옵소서' 하고 '비는' 것은 말도 안 되는 모순인 것이다. 교회가 이런 것들을 추구하는 것은 더더욱 말도 안 되는 모순인 것이다. 예수가 성전에서 장사하는 이들에게 탁자와 의자를 뒤엎으며 분노한 이야기를 우리는 심각하게 곱씹어보지 않으면 안 된다. ("예수께서 성전에 들어가사 성전 안에서 매매하는 모든 자를 내어쫓으시며 돈 바꾸는 자들의 상과 비둘기 파는 자들의 의자를 둘러엎으시고 저희에게 이르시되, 기록된바 내 집은 기도하는 집이라 일컬음을 받으리라 하였거늘 너희는 강도의 굴혈을 만드는도다 하시니라." [마태 21:12-13])

보통의 사람들에게는 사실 엄청나게 불편한 이야기가 아닐 수 없다. 그러나 이것은 실은 세상적인 가치의 추구를 부정한다는 점에서, 모든 것을 비우고 버리고 떠나라고 가르치는 저 부처의 가르침과 다를 바가 없다.

그러면 대체 어쩌라는 말인가? 예수는 그 대안을 제시한다. 그게 '하늘에 쌓아 두라'는 것이다. 하늘에 쌓아 두는 보물이 따로 있는 것이다. 그게 대체 뭘까? 그것도 실은 신약성서 전편에서 이미 시사되고 있다. "하나님의 입으로 나오는 모든 말씀으로 살 것이라."(마태 4:4) 하는 것이 그것을 알려 준다. 그러한 삶 자체가 바로 '하늘에 쌓아 두는 보물'이라고 나는 해석한다. 하나님의 아들이라는 예수의 입에서 나오는 말씀으로 사는 것도 마찬가지다. 무엇보다도 그의 계명인 '사랑'이 대표적이다. 보물도 그런 보물이 없다. 허심, 긍휼, 화평, 용서, 청정심, 화해 … 그런 것도 다 마찬가지다.

이런 가치들은 저 '부귀공명'과 별개의 차원에 존재한다. 그런 세계, 그런 삶이 따로 있는 것이다. 아우구스티누스가 말한 '땅의 나라'와 '신의 나라'가 그 두 개의 세계를 잘 보여 준다. 말씀대로 살면 그 삶 자체가 보물로서 하나님의 나라에 쌓인다고 예수는 일러준다. 그것은 우리에게 익숙한 이른바 '선'(善)과 다르지 않다고 나는 확신한다. 우리의 선조들도 이미 그것을 알고 있었다. '적선지가 필유여경, 적불선지가 필유여앙'(積善之家 必有餘慶, 積不善之家 必有餘殃: 선을 쌓는 집에는 반드시 남는 기쁨이 있고, 악은 쌓는 집에는 반드시 남는 재앙이 있다)이라는 말도 예수의 이 말과 그 문맥이 닿아 있다.

땅에 쌓아 두는 보물, 즉 부귀공명 같은 세상의 보물들은 영원하지 않다. 그것을 예수는 '좀-녹-도둑질'이라는 말로 알려줬다. 적지 않은 사람들이 인생의 과정에서 이것을 온몸으로 느꼈을 것이다. 정상에서 바닥으로 곤두박질쳐본 사람들 잘 알 것이다. 가졌던 모든 것을 잃어본 사람들은 잘 알 것이다. 부처가 말하는 고고-괴고-행고, 아픈 괴로움, 무너지는 괴로움, 변하는 괴로움, 그것도 실은 이 '좀-녹-도둑질'과 무관하지 않다. 세상적 가치를 부정하는 것이 쉽고 간단한 일은 결코 아니지만, 삶의 어느 경우, 어느 시점에선가는 반드시 이 울림이 크게 우리의 가슴을 때릴 때가 있을 것이다. 그때를 위해 예수의 이 말을 마음 한편에 기억해두기로 하자.

"너희를 위하여 보물을 땅에 쌓아 두지 말라. … 오직 너희를 위하여 보물을 하늘에 쌓아 두라. … 네 보물 있는 그곳에는 네 마음도 있느니라."

우리의 마음이 어디에 있는지, 그 마음의 향방을 결정하는 것은 우리 자신이다. 사르트르의 실존주의가 '선택'(choix)이라는 개념으로 그것을 알려줬다. 지금 우리의 마음은 대체 어디에 있는가? 땅에 있는가, 하늘에 있는가?

12. 먼저 네 눈 속에서 들보를 빼어라

나는 예전에 《사물 속에서 철학 찾기》라는 책에서 '눈의 철학'이라는 것을 한 토막 전개한 적이 있다. 눈이 가질 수 있는 여러 철학적 의미들을 새겨본 것이다. 두말할 필요도 없지만, 눈의 가장 큰 덕은 '본다'는 데 있다. 아니, 세상에 그걸 모르는 사람이 누가 있다고 그걸 가지고 거창하게 철학까지 운운하는가, 하고 누군가는 코웃음을 칠 수도 있다. 하지만 아니다. 코웃음 칠 일이 아니다. 우리에게는 눈의 철학을 생각해봐야 할 절실한 필요가 있다. '본다'고 하는 이 너무나도 당연한 일이 당연하지 못한 경우가 너무나도 많기 때문이다. 제대로 '밝게 본다'는 경우가 오히려 드물기 때문이다. '눈 뜬 장님'이 너무나 많다. 예수도 그걸 잘 알고 있었다.

"어찌하여 형제의 눈 속에 있는 티는 보고 네 눈 속에 있는 들보는 깨닫지 못하느냐? 너는 네 눈 속에 있는 들보를 보지 못하면서 어찌하여 형제에게 말하기를 '형제여 나로 네 눈 속에 있는 티를 빼게 하라' 할 수 있느냐? 외식하는 자여, 먼저 네 눈 속에서 들보를 빼어라. 그 후에야 네가 밝히 보고 형제의 눈 속에 있는 티를 빼리라.''(ὑποκριτά, ἔκβαλε πρῶτον ἐκ τοῦ ὀφθαλμοῦ σοῦ τὴν δοκόν, καὶ τότε διαβλέψεις ἐκβαλεῖν τὸ κάρφος ἐκ τοῦ ὀφθαλμοῦ τοῦ ἀδελφοῦ σου.) (마태 7:3-5, 누가 6:41-42)

나는 이것을 예수 버전 '눈의 철학'으로 간주한다. 예수는 '밝히 보지 못함'을 문제로 삼고 있다. 무엇을 보지 못한단 말인가. 그 직접적인 내용은 여기서 언급이 없다. 그건 아마 예수가 가르친 내용들 모두를 포함할 수 있을 것이다. 이 인용에서 중요한 것은 사물을 제대로 보지 못하게 하는 눈 속의 티끌이다. 눈 속의 들보다. 그리고 그것에 대한 사람들의 태도다. 그 문제점을 예수는 날카롭게 직시하여 지적하고 있다. 티도 들보도 뺀다도 다 상징이다. 비유인 것이다. 작은 잘못과 큰 잘못과 그 고침을 말하는 것이다. 사람들은 보통 '형제'로 대변되는 남의 잘못은 잘도 보고 잘도 지적하면서 탓을 하는데 정작 자기의 잘못은 (훨씬 더 큼에도 불구하고) 보지도 못하고 괘념치도 않는다. 요즘 한국에서 누구나가 다 알고 있는 소위 '내로남불'(내가 하면 로맨스, 남이 하면 불륜)도 바로 그런 태도다. 나는 그런 것을 '남탓주의'라 부르기도 한다. 그런 말을 하는 자들은 남의 눈 속의 티끌은 잘도 보는데, 정작 자기 눈 속에 박혀 있는 거대한 말뚝은 보지 못한다. 예수의 통찰에 탄복하지 않을 도리가 없다. 오죽 답답하고 안타까웠으면 이런 말을 했겠는가. 게다가 그런 자들일수록 남의 사소한 잘못을 탓하며 그걸 '빼주겠노라'고 주제넘게 나서기도 한다. 예수의 이 말은 실은 저 친절한 금자씨의 "너나 잘하세요"와 그 취지가 통하는 말이다.

눈에 들보가 들어 있는 자들이 세상에는 너무나 많다. 그들은 남의 눈에 들어 있는 티끌을 잘도 본다. 그러나 정작 봐야 할 중요한 것들은 그 들보 때문에 보지 못한다. 온갖 편견과 고집도 그 들보에 해당한다. 저 프랜시스 베이컨이 알려준 소위 동굴의 우상(Idola specus)도 그 본질은 그런 편견과 고집이다. 그런 게 진리 내지 진실을 보지 못하도록 방해하는 '티끌'이고 '들보'인 것이다.

우리는 정치인들에게서 그런 모습을 너무나 자주 본다. 지식인들도 그 대열에서 예외가 아니다. 언론도 마찬가지다. 때로는 종교인들조차도 그런 사례가 없지 않다. 소위 악플러들은 가장 대표적인 '들보 눈'이다. 그들은 혈안이 되어 남의 눈 속의 티끌을 들여다본다.

'눈 속에 있는 티'와 '눈 속에 있는 들보'는 사람의 주제가 되어야 한다. 그 티가 얼마나 불편한지는 누구나 경험을 통해 알고 있다. 그래서 빼내야 한다. 철학이 해야 할 일도 종교가

해야 할 일도 그런 빼냄이다. 그러나 남의 눈에 있는 티끌이 아니라 자기 눈에 있는 들보를 먼저 빼내야 한다. 그게 예수의 가르침이다. 그러려면 거울이 필요하다. 거기 비춰 보아야 한다. 그러면 그 거울은 어디에 있는가. 멀리 있지 않다. 다른 사람의 눈이 바로 그 거울이다. 거기 비춰보면 자기 눈의 티끌도 들보도 금방 드러난다. 명심해 두자. 남의 눈에 있는 티끌이 아니라 거기 비친 자기 눈의 들보를 먼저 보아야 한다. 그런 연후에라야 비로소 남의 눈의 티끌을 보고 운운할 수 있다. 먼저와 나중, 이 순서 내지 우선순위를 잊지 말자. 예수의 소중한 그리고 엄중한 가르침이다.

13. 거룩한 것을 개에게 주지 말며

"거룩한 것을 개에게 주지 말며 너희 진주를 돼지 앞에 던지지 말라. 저희가 그것을 발로 밟고 돌이켜 너희를 찢어 상할까 염려하라."(Μὴ δῶτε τὸ ἅγιον τοῖς κυσίν, μηδὲ βάλητε τοὺς μαργαρίτας ὑμῶν ἔμπροσθεν τῶν χοίρων, μήποτε καταπατήσουσιν αὐτοὺς ἐν τοῖς ποσὶν αὐτῶν καὶ στραφέντες ῥήξωσιν ὑμᾶς.)(마태 7:6)

'돼지에게 진주…' 꽤나 유명한 말이다. 나도 아마 중학교 때부터 이 말을 들어 알고 있었던 것 같다. 그런데 이게 예수의 말이었다. 그의 말이라면 느낌이 더욱 특별해진다. 그에겐 하나님의 아들이라는 수식어와 함께 어떤 '성스러움'이 덧씌워져 있기 때문이다.

그런데 예수는 거두절미하고 이 말을 그 설교 중에 끼워넣고 있다. 문맥도 따로 없고 일부 다른 것들과 달리 보충 설명도 없다. 말을 하던 도중에 문득 떠올랐던 모양이다. 그건 평소 그에게 이런 생각이 강하게 자리 잡고 있었다는 증거다. 개에게 거룩한 것, 돼지에게 진주…, 도대체 예수는 이 세상에서 어떤 장면을 목격하였기에 이런 생각을 갖게 된 것일까?

하필 여기서 예수에게 거론되어 악역을 맡게 된 개와 돼지가 좀 딱하기는 하다. 인간에게는 엄청 고마운 존재이기도 하기 때문이다. 그러니 그들의 입장에서는 좀 억울할지도 모르겠다. '개돼지만도 못한 놈…'이라는 일상적 표현의 경우도 마찬가지다. 그러나 이렇게 예수에게 이미지를 제공한 것만으로도 작지 않은 기여 내지 공덕이 된다. 일단 이렇게 그들을 달래놓고 보자.

그러면 이들의 부인할 수 없는 이미지 하나가 드러난다. 이들은 거룩한 것과 진주의 가치를 알지 못한다는 것이다. 어쨌거나 그건 틀림없다. 어떤 훌륭한 개도 예수나 부처에게 따로 경의를 표하지는 않는다. 무릎에 기어오르거나 꼬리를 흔드는 게 고작일 것이다. 또 아무리 탐욕스런 돼지도 진주를 탐내지는 않는다. 여물과 진주를 각각 그들 앞에 갖다 놓는다면 여물을 마다하고 진주를 택하는 돼지는 없을 것이다. 그 가치를 모른다는 것이다. 그러나 인간은 다르다. 그 가치를 안다. 존 스타인벡의 소설 《진주》가 보여주듯이 인간들은 진주 앞에서 눈이 뒤집어진다. 심지어 그것 때문에 살인을 저지르기도 한다. 그 가치가 돈으로 환산되어 병든 아이의 목숨을 살릴 수도 있기 때문이다. 혹은 아름다운 여인의 손가락이나 목을 더욱 아름답게 꾸며주기도 한다. 그렇게 그것은 가치 내지 가치 있는 것을 상징한다. 거룩한 것과 진주는 가치 있는 것, 개와 돼지는 그 가치를 모르는 존재를 각각 나타내는 것이다.

이렇게 분명히 정리해놓고 보면, 이제 예수가 한 이 말의 의도가 윤곽을 드러낸다. 가치를 모르는 자에게 가치를 이야기하면 그걸 알아듣기는커녕 오히려 그것 때문에 가치를 이야기한 이쪽이 해를 입을 수도 있다는 말이다. 예수 자신이 이미 그것을 예감하고 있었던 건지도 모른다. 그가 여기저기서 대제사장, 율법사, 바리새인, 사두개인 등을 거론한 것을 보면 그런 이들이 바로 개돼지에 해당하는 존재였던 것 같다. 그들은 진주로 상징되는 '가치'를 모르는 사람이었다. 모를 뿐만 아니라 그것을 발로 밟고 그것을 준 사람을 향해 위해를 가하려고 했다. 예수는 그것을 직접 몸으로 체험했다. 그들은 예수라는 가치를 알아보지 못했다. 그런 가치에 아랑곳하지 않았다. 아예 관심조차 없었다. 그들의 관심은 오직 여물뿐이었다. 그게 아마도 권위 내지 위세, 그런 종류였을 것이다. 그 때문에 예수는 그들을 일컬어 '외식하는 자'라 부르기도 했다. 그런 걸 예수는 개밥이나 돼지죽으로 여긴 것이다. 그렇게 해석할 수 있다. 그런 개돼지 같은 이들이, 아니

개돼지보다 못한 이들이 예수를 죽음으로 몰아넣었다.

소크라테스도 똑같은 경우였다. 그의 말들을 들어보면 그
것이 거룩한 것 혹은 진주 같은 것임을 곧바로 알 수 있다.
정의, 지혜, 용기, 절제, 우정, 사랑, 경건, 덕, 진리 … 그게
그의 관심사였고 주제였다. 그런 가치들을 그는 한평생 추구
했고 대화를 통해 일깨우고자 했다. 잠에서 깨우는 등에
(gadfly) 역할을 자처했던 것이다. 그는 그의 그런 진주를 개
돼지들에게도 던져줬다. 정치가, 지식인, 기술자라는 이름으
로 그들은 그 장면에 등장한다. 멜레토스, 아뉘토스, 뤼콘이
라는 이름이 그들을 대표한다. 그들도 그 진주에 관심이 없었
다. 그들은 부와 지위와 명성이라는 꿀꿀이죽에만 관심이 있
었다. 그래서 진주를 짓밟았고, 그 진주를 던져준 소크라테스
를 찢어 상하게 했다. 법정에 고발했고 결국 독배를 마시게
했다.

그런 개와 돼지들이 인간 세상에는 득시글거린다. 역사 속
에도 그들은 많고 뉴스 속에도 그들은 많다. 그들은 도처에게
멍멍거리고 꿀꿀거린다. 그들에게 거룩한 것과 진주를 말해
봤자 소용없다. 오늘날에도 예수의 제자들과 소크라테스의
제자들은 적지 않다. 그들은 지금도 거룩한 것과 진주를 갖고
있다. 던져주고 있다. 그러나 개와 돼지들에게는 먹히지 않는
다. 오히려 해코지를 한다. 나도 그런 경우들을 잘 알고 있다.
그들에게 거룩한 것과 진주를 던져주지 말자. 예수가 던져주

지 말라고 했다. 나는 '말라'는 예수의 이 말이 그의 선량한 추종자들을 위한 따뜻한 염려라고 이해한다. 나도 그런 진주 같은 말이 개와 돼지의 발에 밟히고 훌륭한 존재들이 개와 돼지들에게 해를 입지 않기를 바라 마지않는다. 희생은 예수와 소크라테스만으로도 이미 너무나 가슴 아프다. 진주는 역시 미인의 손가락과 목에서 빛이 난다.

14. 문을 두드리라 그러면 너희에게
열릴 것이니

"… 구하라 그러면 너희에게 주실 것이요, 찾으라 그러면 찾을 것이요, 문을 두드리라 그러면 너희에게 열릴 것이니, 구하는 이마다 얻을 것이요 찾는 이가 찾을 것이요 두드리는 이에게 열릴 것이니라.(Αἰτεῖτε, καὶ δοθήσεται ὑμῖν: ζητεῖτε, καὶ εὑρήσετε: κρούετε, καὶ ἀνοιγήσεται ὑμῖν. πᾶς γὰρ ὁ αἰτῶν λαμβάνει καὶ ὁ ζητῶν εὑρίσκει καὶ τῷ κρούον τι ἀνοιγήσεται.) 너희 중에 누가 아들이 떡을 달라 하면 돌을 주며, 생선을 달라 하면 뱀을 줄 사람이 있겠느냐. 너희가 악한 자라도 좋은 것으로 자식에게 줄 줄 알거든, 하물며 하늘에 계신 너희 아버지께서 구하는 자에게 좋은 것으로 주시지 않겠느냐."(마태 7:7-11, 누가 11:9-10)

얼마 전 어여쁜 가수 구하라가 안타깝게 세상을 떠났다. 스스로 택한 길이었다. 그 안타까움 속에서 이 말이 떠올랐다. 그녀는 이 말을 몰랐을까? 마음의 평화와 진정한 행복을 '하늘에 계신 아버지'께 구했더라면 어땠을까…, 그런 생각이 들었다.

예수의 이 말은 이 지상에서 인간적인 삶을 힘겹게 살아가는 우리에게 큰 위로와 희망과 용기를 준다. 긍정적인 메시지인 셈이다. '얻을 것이요, 찾을 것이요, 열릴 것이다'라고 말하고 있으니까. 그러니까 포기하지 말고 절망하지 말고 '구하고 찾고 두드리라'는 격려인 것이다. 좋은 결과가 있을 거라는 말이다. 너무나도 고마우신 말씀이다. 요즘은 이렇게 온기가 느껴지는 토닥임 자체도 흔하지가 않다.

일종의 직업병인지도 모르겠지만, 나는 이 말을 철학적으로 분석해서 읽어본다. '구하라, 찾으라, 두드리라'는 것은, 내 식으로 말하자면, 인생의 대원리인 인간의 욕망을 인정하는 말이다. 졸저 《인생의 구조》에서 언급한 바이지만, 우리 인간은 애당초 욕망이라는 것을 대원리처럼 지니고 태어나 인생을 살아간다. 뭔가를 갖고 싶고, 뭔가를 하고 싶고, 뭔가가 되고 싶은 것이다. 그 온갖 '싶음' 속에 우리 인간의 정체가 있다. 엄마의 찌찌, 맘마, 까까에서 이른바 부귀공명에 이르기까지 그것은 무한히 다양한 형태로, 마치 하늘의 구름처럼 생겼다가 변했다가 없어졌다가를 반복하면서 전개된다. 그것을 이루려고 애쓰는 과정이 인생인 것이다. 그게 이루어지면 행복이고 그게 이루어지지 못하면 불행이다. 그 과정의

희로애락, 그 희비쌍곡선이 다름 아닌 우리의 인생인 것이다.

예수의 이 말은 그가 이 사실을 잘 알고 있었음을 알려준다. 인정하고 있는 것이다. 그래서 구하고 찾고 두드리라고 말하는 것이다. 그러나 우리는 주의해야 한다. 인정은 하되 '뭐든지'는 아니다. 예수에게는 좋은 것과 나쁜 것의 명쾌한 구별이 있다. 떡과 생선이 좋은 것을 상징하고 돌과 뱀이 나쁜 것을 상징한다. 나쁜 것을 우리가 구하고 찾고 두드린다면, 돌과 뱀을 원한다면, 아마도 거기엔 신의 응답이 없을 것이다. 주어지지 않을 거고 찾지 못할 거고 열리지 않을 것이다. 그건 저 '기도'의 대원칙이기도 하다. 나쁜 놈을 제발 죽여달라고 아무리 간절히 기도해도 하늘은 그 기도에 응답하지 않는다. 2천 수백 년 전 고대 그리스인들이 남긴 글귀 중, "만일 신이 인간의 모든 기도를 들어준다면 그 순간 지상의 모든 인간들이 사라질 것이다"라는 게 있다. 웃을 수 없는 진실을 말해주는 글귀다. 다행히도 신은 그런 기도를 들어주지 않는다. 그래서 인류는 멸망하지 않고 지금도 이렇게 존속되고 있다. "신은 악인에게도 골고루 햇빛을 비춰준다"는 성경의 글귀도 비슷한 맥락이다. (정확하게는 "… 하나님이 그 해를 악인과 선인에게 비취게 하시며 비를 의로운 자와 불의한 자에게 내리우심이라."[마태 5:45])

그렇듯 우리의 구함과 찾음과 두드림은 '좋은 것'에 한정되어야 한다. 그게 예수의 대전제다. 그런 거라면 반드시 하늘의 응답이 있을 거라는 말이다. 부모가 자식에게 아낌없이 주는 것처럼 하늘도 자식인 인간에게 아낌없이 줄 거라는 말이다. 생명과 세상(=자연)을 준 것은 기본 중의 기본이다. 의식주도 준다고 예수는 지적한다. (공중의 새들, 들에 핀 백합화를 그는 언급하며 염려하지 말라고 말했다.)

그래서 우리에게는 좋은 것과 나쁜 것을 구별하는 지혜도 필요하고 또 교육도 필요하다. 지금 우리 시대에는 그런 지혜도 교육도 잘 보이지가 않는다. 좋고 나쁨 자체가 오리무중이 되어버렸다. 잘 생각해보자. 지금 우리는 무엇을, '어떤' 것을 구하고 찾고 어떤 문을 두드리고 있는가? 혹 돌과 뱀을 달라고 조르고 있는 것은 아닌가. 그것을 안 준다고 하늘에게 투정을 부리고 있는 것은 아닌가. 우리는 예수의 말에, 그런 언어에 귀를 기울이지 않으면 안 된다.

'좋은 것'을 구하고 찾고 두드리자. 주어질 것이다. 찾아질 것이다. 열릴 것이다. '신의 아들'이라는 예수가 보장했다. 믿고 맡기며 기대해보자.

15. 남에게 대접을 받고자 하는 대로
너희도 남을 대접하라

　"그러므로 무엇이든지 남에게 대접을 받고자 하는 대로 너희도 남을 대접하라. 이것이 율법이요 선지자니라."(Πάντα οὖν ὅσα ἐὰν θέλητε ἵνα ποιῶσιν ὑμῖν οἱ ἄνθρωποι, οὕτως καὶ ὑμεῖς ποιεῖτε αὐτοῖς: οὗτος γάρ ἐστιν ὁ νόμος καὶ οἱ προφῆται.)(마태 7:12, 누가 6:31)

　이른바 산상수훈의 한 토막이다. 이 산상수훈은 신약성서를 통틀어 예수의 발언 중 가장 긴 것이다. (이것을 기록해준 마태에게 무한한 고마움을 느낀다.) 나는 이것을 가치의 보고로 간주하고 우러러본다. 신앙 여부와 무관하게 인류 역사상 최고의 명강의로 평가해도 좋을 것이다. 거기에 이 말이 포함되어 있다는 것을 나는 특별히 반갑게 생각하고 있다. 너무너무 중요한, 그리고 너무너무 좋은, 보석 같은 말이기 때문이다.

나는 이 말을 모든 대인 행위의 황금률로 간주한다. 남을 대하는 가장 기본적인 태도를 예수는 알려주고 있는 것이다. 이른바 '기준'의 제시로 보아도 좋다. 내가 상대방을 대할 때, '내가 바라는 바'대로 대하라는 말이다. '저 사람이 나한테 이렇게 해주었으면 좋겠다', 그런 걸 기준으로 남을 대하라는 말이다.

예수는 왜 이런 말을 했을까? 간단하다. 사람들이 남을 대하는 걸 보면 너무나 함부로 아무렇게나 막 대하기 때문이다. 자기가 당하면 싫은 일을 남들에게는 예사로 하고 있기 때문이다. 남에게는 엄하고 나에게는 후하고, 그게 보통 사람들의 모습이기 때문이다. 요즘 사람들은 이걸 재미있는 말로 표현하기도 한다. '내로남불'이라고. '내가 하면 로맨스, 남이 하면 불륜', 현실을 비꼰 하나의 상징이다.

"무엇이든지 남에게 대접을 받고자 하는 대로 너희도 남을 대접하라." 나는 예수의 이 말을 보편적으로 적용해 생각해 본다. 모든 인간관계에서, 모든 대인 행위에서 이런 자세, 이런 태도, 이런 기준이 필요한 것이다. 사적인 관계에서도 당연히. 그리고 공적인 관계에서도 당연히. 부부 관계, 부모자식 관계, 형제자매 관계, 친구 관계, 동료 관계, 상사부하 관계, 남녀 관계, 세대 관계, 주인고객 관계, 공무원과 국민 관계, 통치자와 국민 관계, 국가 관계 … 어느 것 하나 필요하지 않은 곳이 없다. 이 모든 관계에서 현실은 대개 '자기 위주'로 움직이기 때문이다. '나만주의', '네탓주의'가 횡행한다. 인간들의 거의 모든 문제가 바로 여기서 발생한다고 해도 과언이 아니다. 남을 고려하고 배려하지 않는 자기 위주. 바로 여기서 폭언도 폭행도 왕따도 악플도 발생하고, 바로 여기서 도둑질에서 살인에 이르는 모든 범죄와 압제와 침략도 발생한다. 진실은 언제나 아주 단순한 곳에 있다. 자기에 대한 과대평가와 상대에 대한 과소평가가 그 전제로 깔려 있다. 바로 그 음습한 곳에서 악의 곰팡이가 스멀스멀 자라나는 것이다.

물론 예수의 이 말이 그에게만 있는 건 아니다. 유대인의 《탈무드》에도 이 비슷한 말이 있고, 공자의 어록인 《논어》에도 이 비슷한 말이 보인다. 흥미로운 대목이 아닐 수 없다. '기소불욕 물시어인'(己所不欲 勿施於人: 자기가 원하지 않는 바를 남에게 베풀지 말라)이라고 공자는 말했다. 표현이 뒤집혀 있을 뿐, 그 취지는 같은 말이다. 진정으로 훌륭한 분들은 이렇게 시간과 공간을 초월해 서로 통하는 바가 있다.

예수와 공자의 이 말이 훌륭한 것은 그 밑바탕에 인간의 '평등'이라는 것이 전제돼 있기 때문이기도 하다. 내가 하나면 너도 하나, 내가 열이면 너도 열임을 인정한다는 말이다. 인류의 기나긴 역사를 보면 이 '평등'이라는 것은 거의 실현된 적이 없는 숭고한 이념에 해당한다. 21세기 현재도 그렇다. 차등과 차별은 비단 인도의 카스트에만 있는 것이 아니다. 나와 너의 다름과 차등은 가장 견고한 벽 중의 하나로 우리 인간의 행위를 재단한다. 예수의 이 말은 그걸 부수라는 말이기도 하다. 상대가 누구이건 '나'의 기분과 똑같이 되도록 대하라는 말이다. 이러니 숭고하지 않을 도리가 없다.

그리고 또 하나는 그 밑바탕에 '좋은 것의 공유'라는 것이 전제돼 있기 때문이기도 하다. '남에게 대접받고자 하는 대로'라는 것은 내가 원하는, 내가 바라는, 내가 기대하는, 내가 좋다고 여기는 그 어떤 것이다. '그런 것을 남에게 대접하라'라는 말이니 이게 '좋은 것의 공유'가 아니고 무엇인가. 꼭 물건이나 재물이 아니더라도 그렇다. 그 기분 내지 상태가 좋아지는 모든 것이다. 특히 말과 태도가 그 핵심에 있다. 그걸 상대에게 주라는 말이다. 이건 상대에 대한 존중과 호의가 없으면 불가능하다. 이러니 예수는 보통 사람이 아닌 것이다. 그의 모든 발언들에는 진심이 담겨 있다. 어떤 간절함이 있다. "예수께서 이 말씀을 마치시매 무리들이 그 가르치심에 놀라니, 이는 그 가르치시는 것이 권세 있는 자와 같고 저희 서기관들과 같지 아니함일러라"(마태 7:28-29)라고 한, 당시 이 말을 직접 들은 무리들의 반응이 그것을 알려준다. 그래서 나는 예수가 '신의 아들'이라는 말에 특별히 토를 달지 않는다. 그 자신이 애써 자신을 '사람의 아들'이라고 강조했지만, 나는 그가 '신의 아들'이라는 이 호칭에 충분히 합당하고도 남음이 있다고 인정하지 않을 도리가 없다.

비판과 시비보다는 인정과 칭찬이 더 좋다. 나는 남들이 나에게 그렇게 대해주기를 기대한다. 그래서 남들에게도 그렇게 대하려고 노력한다. 이게 아름다운 일이라고 믿어 마지 않는다. 나는 비록 백발이 머리를 뒤덮은 60대이지만 기꺼이 30대 청년 예수의 제자가 되고자 한다. (그가 받아줄지는 별문제지만.) 많은 사람들이 나와 함께 이런 가치론에 줄을 섰으면 좋겠다.

16. 좁은 문으로 들어가라

"좁은 문으로 들어가라. 멸망에 이르는 문은 크고 또 그 길이 넓어서 그리로 가는 사람이 많지만, 생명에 이르는 문은 좁고 또 그 길이 험해서 그리로 찾아 드는 사람이 적다."(Εἰσέλθατε διὰ τῆς στενῆς πύλης: ὅτι πλατεῖα ἡ πύλη καὶ εὐρύχωρος ἡ ὁδὸς ἡ ἀπάγουσα εἰς τὴν ἀπώλειαν, καὶ πολλοί εἰσιν οἱ εἰσερχόμενοι δι' αὐτῆς: τί στενὴ ἡ πύλη καὶ τεθλιμμένη ἡ ὁδὸς ἡ ἀπάγουσα εἰς τὴν ζωήν, καὶ ὀλίγοι εἰσὶν οἱ εὑρίσκοντες αὐτήν.)(마태 7:13-14)

기독교에 무지한 사람도 학교를 다닌 사람이라면 언젠가 한 번쯤 '좁은 문'이란 말을 들어본 적이 있을 것이다. 나는 이 말을 중학생 때 처음 들어보았다. 이것은 앙드레 지드의 소설 제목이었다. 이것이 성경에 나오는 예수의 말이라고 그 때 이미 들었지만, 지드의 소설도 분위기만 살짝 느꼈을 뿐

무슨 의미인지 알 수 없었고 더구나 예수의 깊은 뜻도 알 수가 없었다. 그러나 '좁은 문'이라는 이 표현은 왠지 깊은 인상으로 내 내면에 새겨졌다. 언어가 마음속에 새겨지는 것은 마치 밭에 씨가 뿌려지는 것과 비슷해서 세월이 지나면서 알게 모르게 그 싹이 트고 조금씩 자라 나름의 열매를 맺기도 한다.

물론 지금이라고 소설 속 알리사의 청교도적 금욕주의가 곧장 이해되고 공감되는 것은 아니지만, 그리고 예수의 이 말을 자신의 가치로 받아들이는 것이 쉬운 일은 아니지만, 이 방향이 갖는 정당성은 어렴풋이 이해가 된다.

나는 예전에 《사물 속에서 철학 찾기》라는 책을 쓴 적이 있는데, 거기서 '문의 철학'이라는 것을 논한 바 있다. (일부를 인용한다.)

우리는 삶의 과정에서 수많은 문들을 만나게 된다. 어떤 문들은 열려서 우리의 출입을 허용해주고 어떤 문들은 굳게 닫힌 채 우리의 출입을 불허한다. 열리지 않는 문 앞에서의 막막함. 아마 그 느낌을 모르는 사람은 거의 없을 것이다. 학교의 문, 회사의 문, 그런 것을 포함한 온갖 기회의 문들. 그 문들을 열기 위한 노력이 어쩌면 우리네 인생 그 자체인지도 모르겠다. 고행을 하던 부처는 깨달음의 문을 앞에 했을 것이고, 젊은 파르메니데스는 진리의 문을 목도했을 것이다. 그들은 그 문을 열고 문 저쪽의 세계로 들어갔다. 또 잘은 모르겠지만 예수의 앞에는 천국으로 향하는 어떤 '좁은 문'이 있었을 것이다. 그도 그 문을 통과했다. 그래서 그들은 위대한 것이다.

누구든, 그리고 그 문이 어떤 문이든, 우리는 문이 열리기를 기대한다. 이런 경우도 있다. 내가 좋아하는 육당 최남선의 유명한 시조다.

〈혼자 앉아서〉 가만히 오는 비가 낙수져서 소리하니 / 오마지 않은 이가 일도 없이 기다려져 / 열릴 듯 닫힌 문으로 눈이 자주 가더라.

그는 저 문이 열려 '그이'가 오기를 기다린다. 우리도 각자 한번 물어보자. 나는 지금 어떤 문이 열려 무엇이 오기를 기다리는가? 세상으로 나가는 출세의 문? 황금으로 가득 찬 금고의 문? 어린이들은 어쩌면 저 도라에몽의 주머니에 있는 '어디든지 문'(どこでもドア)을 열고 학원이 없는 세상, 왕따가 없는 세상, 엄마의 잔소리가 없는 세상으로 가고 싶은지도 모르겠다.

난들 그런 문들이 싫기야 하겠는가. 하지만 그런 것과 별개로 나는 동서남북 좌우상하로 갈라져 서로에게 굳게 닫혀 있는 저 수많은 사람들의 마음의 문이 열리기를 애타는 심정으로 기다린다. 사람들 마음속에 있는 저 문에는 견고한 자물쇠가 채워져 있다. 그것은 "열려라 참깨!"를 아무리 외쳐봤자 열

리지 않는다. 초인종을 눌러도 주먹이 아프도록 두들겨도 좀
체 열리지 않는다. 우리 모두 그 열쇠를 찾아봐야겠다. 그런
심정으로 썼던 시 한 수를 여기서 되읊어본다.

〈문〉 사람들 마음에는 문이 있다 / 그 문은 오직 / 따뜻한
손으로만 열리어진다 // 열린 문 / 닫힌 문 / 문들이 있다

예수의 '좁은 문'과 이 글이 무슨 연관이 있느냐고 흰 눈을
뜨는 사람이 있을지도 모르지만, 나는 이 '닫힌 문', '열리지
않는 문'들도 넓게 보면 '좁은 문'의 범주에 들어간다고 해석
한다. 누구에게나 활짝 열린, 누구나가 원하는 대문이 아니기
때문이다. 따뜻한 손으로 그 닫힌 문을 열고자 하는 삶, 그리
고 기회의 문, 깨달음의 문, 진리의 문, 천국으로의 문, 이러
한 문으로 향하고자 하는 발길들, 이런 것도 결국은 '생명으
로 향하는 문'으로 통해 있는 것은 아닐까, 조심스럽게 해석
해본다.

이런 것들이 '좁은 문'인 것은 분명해 보인다. 역사와 현실
이 증명하듯이 아주 드문 사람들만이 이 문으로 향하고 그리
고 이 문을 통과한다. 그 저편에 '생명'으로 상징되는 어떤
'좋음'이 기다리고 있는 것도 분명해 보인다. 그런 종류의
'좋음'이 우리 인간의 허망하기 짝이 없는 소위 부귀공명(누
구나가 다 우르르 몰려드는 '넓은 문')과 다른 어떤 것임도

또한 분명해 보인다. 그리고 그것이 바로 저 창세기에 보이는 궁극적인 '신의 좋으심'과 연결되는 것은 아닐까, 역시 어렴풋이 짐작해본다.

다시 한 번 각오를 다져야겠다. 좁은 문으로 들어가자. 어렵고 험하지만, 결국은 좁은 문이 좋은 문이다. 요즘 아무도 들어가려 하지 않는 소위 '인문학'의 문도 그런 '좁지만 좋은 문'임을 나는 확신한다.

17. 가시나무에서 무화과를, 또는
찔레에서 포도를 따지 못하느니라

"그의 열매로 그들을 알지니, 가시나무에서 포도를 또는 엉겅퀴에서 무화과를 따겠느냐. 이와 같이 좋은 나무마다 아름다운 열매를 맺고 못된 나무가 나쁜 열매를 맺나니, 좋은 나무가 나쁜 열매를 맺을 수 없고 못된 나무가 아름다운 열매를 맺을 수 없느니라. 아름다운 열매를 맺지 아니하는 나무마다 찍혀 불에 던지우느니라. 이러므로 그의 열매로 그들을 알리라."(마태 7:16-20)

"못된 열매 맺는 좋은 나무가 없고 또 좋은 열매 맺는 못된 나무가 없느니라. 나무는 각각 그 열매로 아나니 가시나무에서 무화과를 또는 찔레에서 포도를 따지 못하느니라."(ἕκαστον γὰρ δένδρον ἐκ τοῦ ἰδίου καρποῦ γινώσκεται: οὐ γὰρ ἐξ ἀκανθῶν συλλέγουσιν σῦκα, οὐδὲ ἐκ βάτου σταφ υλὴν τρυγῶσιν.)(누가 6:43-44)

나무와 열매, 좋은 나무와 좋은 열매, 나쁜 나무와 나쁜 열매 … 예수의 입에서 나온 이 말들은 그 단어만 봐도 매력적이다. 좋은 열매의 대표처럼 언급된 무화과와 포도는, 그것을 언급해준 예수의 위상을 생각할 때, 그 영광이 참으로 작지 않다. 자손만대 자랑을 해도 좋을 것이다. (아닌 게 아니라 나도 무화과와 포도를 엄청 좋아한다. 좋은 열매가 틀림없다.) 반면, 못된 나무로 언급된 가시나무와 찔레, 혹은 가시나무와 엉겅퀴는 나무들 세계에서 고개를 들기가 거북하리라. 물론 이 나무들 자체가 실제로 나쁜 나무이기야 하겠는가. 좋은 점도 분명히 있다. (꽃도 엄청 예쁘다.) 이들로서야 억울한 측면이 없지 않을 것이다. 예수도 그건 알았으리라. 다만 그 '가시' 때문에 사람을 찌르기도 해 '나쁜' 이미지를 갖게 되었을 텐데, 어쨌거나 '신의 아들'이라는 예수에게 소재로 활용되었으니 그 공덕이 또한 없지는 않다. 그게 가시의 폐해를 상쇄할 수도 있을 것이다.

마태와 누가의 기록이 약간 다르기도 한데(가시나무-무화과, 찔레-포도[누가]; 가시나무-포도, 엉겅퀴-무화과[마태]), 나는 개인적으로 그 다름을 크게 문제 삼지 않는다. 발언의 취지가 명백하게 일치하기 때문이다. 중요한 것은 그 열매다. 무화과와 포도로 대변되는, 혹은 상징되는 '좋은 열매'다. '아름다운 열매'다. 그런 좋은 열매를 맺어야 한다는, 맺으라는 가르침일 것이다. 공감하지 않을 수 없다. 보기도 좋고 맛도 좋고 몸에도 좋은 그런 열매들, 그건 아마도 예수가 강조해 마지않은 사람됨과 선행일 것이다. '하나님의 자녀', '하나님의 아들'로 그것은 상징되고 표현된다. 이른바 '말씀들을 실천하는 사람들' 내지 그 '실천'이다.

그런데 예수의 이 말을 자세히 들여다보면 말의 포인트가 그 결과인 '열매'보다도 '나무와 열매의 관계'임을 알 수가 있다. 좋은 열매가 중요한 것은 당연한 이야기지만, 그 좋은 열매를 맺기 위해 '좋은 나무'가 전제 요건임을 예수는 강조하고 있는 것이다. 바탕이 중요하다는 말이다. "콩 심은 데 콩 나고 팥 심은 데 팥 난다"는 말도 비슷한 취지다.

그렇다면 예수가 말하고 싶어 하는 그 '좋은 나무'는 도대체 뭘까? 그 해석은 하나의 철학적-신학적 과제가 된다. 나는 언뜻 가정과 학교를 떠올린다. 혹은 부모와 선생을 떠올린다. 그걸 조금 확장하면 사회와 그 지도층이 될 수도 있다. 그 '질'(quality)과 '수준'(niveau)을 예수는 '좋은', '못된'이라는 말로 문제 삼고 있는 것이다. 내가 최근에 여러 형태로 강조해 마지않는 바로 그 '질'이다.

지금 우리 사회는 어떠한가. 우리의 가정은, 우리의 학교는, 우리의 세상은 과연 '좋은 나무'일까? "그의 열매로 그들을 알지니…"라고 예수는 말했다. 그 통찰의 날카로움에 나는 탄복한다. 지금 우리 사회엔 '나쁜 열매들'이 도처에 넘쳐난다. 신문, 방송, 포털의 뉴스엔 썩은 열매들의 이야기가 매일매일 전해진다. 눈을 돌리고 싶어질 지경이다. 남녀노소 지위고하 불문하고 문제 있는 사람들투성이다. 그것으로 한국이라는 이 나무가 어떤 나무인지 짐작이 되고도 남는다. 우리는 반성하고 회개하지 않으면 안 된다. 좋은 가정, 좋은 학교, 좋은 사회의 건설을 위해 모두가 다시 한 번 소매를 걷어붙이지 않으면 안 된다. 철학적 의미에서의 '삼림녹화'가 절실한 요즈음이다. 365일이 식목일이지 않으면 안 된다. 무화과나무와 포도나무를, 즉 '좋은 나무'를 온 천지에 가득 심어야 한다. 우선, 가까운 우리 집, 우리 동네부터 한 그루씩 심어나가자.

18. 반석 위의 집, 모래 위의 집

"… 누구든지 나의 이 말을 듣고 행하는 자는 그 집을 반석 위에 지은 지혜로운 사람 같으리니, 비가 내리고 창수가 나고 바람이 불어 그 집에 부딪히되 무너지지 아니하나니 이는 주초를 반석 위에 놓은 연고요, 나의 이 말을 듣고 행치 아니하는 자는 그 집을 모래 위에 지은 어리석은 사람 같으리니, 비가 내리고 창수가 나고 바람이 불어 그 집에 부딪히매 무너져 그 무너짐이 심하니라."(Πᾶς οὖν ὅστις ἀκούει μου τοὺς λόγους τούτους καὶ ποιεῖ αὐτοὺς ὁμοιωθήσεται ἀνδρὶ φρονίμῳ, ὅστις ᾠκοδόμησεν αὐτοῦ τὴν οἰκίαν ἐπὶ τὴν πέτραν. καὶ κατέβη ἡ βροχὴ καὶ ἦλθον οἱ ποταμοὶ καὶ ἔπνευσαν οἱ ἄνεμοι καὶ προσέπεσαν τῇ οἰκίᾳ ἐκείνῃ, καὶ οὐκ ἔπεσεν, τεθεμελίωτο γὰρ ἐπὶ τὴν πέτραν. καὶ πᾶς ὁ ἀκούων μου τοὺς λόγους τούτους καὶ μὴ ποιῶν αὐτοὺς ὁμοιωθήσεται ἀνδρὶ μωρῷ, ὅστις ᾠκοδ

όμησεν αὐτοῦ τὴν οἰκίαν ἐπὶ τὴν ἄμμον. καὶ κατέβη ἡ
βροχὴ καὶ ἦλθον οἱ ποταμοὶ καὶ ἔπνευσαν οἱ ἄνεμοι
καὶ προσέκοψαν τῇ οἰκίᾳ ἐκείνῃ, καὶ ἔπεσεν, καὶ ἦν
ἡ πτῶσις αὐτῆς μεγάλη.)(마태 7:24-27)

'사상누각'(砂上樓閣)이라는 건 누구나가 다 아는 사자성
어의 하나인데 그게 성경에도 나온다는 걸 금방 아는 사람은
그다지 많지 않다. 예수의 표현력에 새삼 찬탄을 하게 되는
대목이다. (불교 《백유경》에 나오는 '공중누각'도 취지는 비
슷하다.) 이 말은 유명한 산상수훈의 마지막 부분이기도 해
특별한 인상을 남긴다. '처음'이 특별하듯이 '마지막'도 특별
하기 때문이다.

이 말의 핵심은 '행함'에 있다. 무엇을? '말'이다. 무슨 말?
'나의 이 말' 즉 예수의 말이다. 직접적으로는 바로 앞에 나
오는 "하늘에 계시는 내 아버지의 뜻대로 행하는 자라야 [천
국에] 들어가리라." 하는 말이고, 좀 더 넓게 생각하면 산상
수훈 전체의 말이고, 더 넓게 해석하면 신약성서 전체에 기록
된 예수의 모든 말이다.

그것을 '행하는 자'와 '행치 아니하는 자'의 대비를 예수는
여기서 선명하게 드러내고 있다. 그게 바로 '반석 위에 집을
지은 자'와 '모래 위에 집을 지은 자'이고, 그게 바로 '지혜로
운 사람'과 '어리석은 사람'이다. 그 결과의 대비도 또한 선

명하다. '무너지지 아니함'과 '무너짐이 심함'이다. 여기엔 '비-창수-바람'이라는 조건 내지 상황이 또한 제시된다. 쉬운 표현이지만 중요한 이야기는 다 들어가 있다. 진정으로 훌륭한 어법이란 이런 것이다. 이런 식의 언어가 저 대단한 철학자들의 전집 수백 권보다도 훨씬 더 위대하다는 것을 나는 망설임 없이 인정한다.

그런데 예수는 왜 하필 이 말로 저 산상수훈을 마무리했을까? 특별한 의미가 있다고 나는 해석한다. 언어의 최종 단계 내지 최종 의의는 그 '행함'에 있기 때문이다. 예수는 이미 알고 있었다. 아무리 훌륭한 말이라도 그것이 행해지지 않으면 아무 의미도 없다는 것을. 많은 경우 사람들의 언어는 입에서 귀로만 전달될 뿐, 그것이 머리와 가슴은 물론 전신에 퍼져 그 눈길과 발길과 손길로까지 가 닿지 못한다는 것을.

그래서인 것이다. 그래서 예수는 다소 강한 어조로, 아니 아주 강한 어조로, 이렇게 그 행함을 강조하며 저 명강의를 마무리한 것이다. 행함이 없으면 다 '사상누각'이라고. 조금만 시련이 닥쳐도 바로 와르르 무너져버릴 것이라고.

어디 하나님의 말씀과 예수의 말씀뿐이겠는가. 세상의 모든 '좋은 말들'이 다 그러하다. 사실 '좋은 말들'은 세상에 넘쳐난다. 예수의 말들을 포함해 소위 인류의 4대 성인이라 일컬어지는 공자-부처-소크라테스(가나다순)와 그 말들에 '관한' 말들도 모래알처럼 많다. 윤리-도덕도 마찬가지다. 서점과 도서관에만 있는 것도 아니다. 세상의 저 수많은 교회들, 수많은 사찰들, 수많은 교실들, 그리고 수많은 채널들, 수많은 사이트들에서도 그런 언어들은 매일매일, 매 순간 매 순간 파도처럼 넘실댄다. 심지어 정치인들까지도 좋은 말들을 쏟아낸다.

그런데도 세상은 그 말들이 저분들의 입 밖으로 나온 뒤 2천 수백 년이 지났는데도 아직 이 모양이다. 문제들투성이다. 그 문제의 사악한 기운이 미세먼지보다도 더 세상에 자욱하다. 왜 그럴까? 예수가 그 답을 알려주고 있다. 그 이차적 언어들이 사상누각이기 때문이다. '행함'이 없기 때문이다. 그저 지적 대화를 위한 일종의 장식으로 그 역할을 다하기 때문이다.

그러나 나는 안다. 반석 위에 집을 지은 적지 않은 '지혜로운 사람들'이 있었다는 것을. 그리고 지금도 적지 않게 있다는 것을. 그들이 그나마 세상을 이 정도로 유지하고 있다는 것을. 그들이 이 모래사막 같은 건조한 세상에 '오아시스'를 구축하고 있다는 것을. 무작위지만, 내가 아는 K, L, O, Y, S, P, H, C … 그들의 저 선량한 얼굴이 떠오른다. 그들은 행하고 있었고 그 행함에는 예수의 언어들이 녹아들어 있었다. 예수는, 그리고 그의 아버지 하나님은 아마 이들의 얼굴을 보고 크게 기뻐할 것이다. 좋은 말들의 반복이 필요한 연유가 바로 거기에 있다.

19. 건강한 자에게는 의원이 쓸데없고
병든 자에게라야 쓸데 있느니라

"예수께서 거기서 떠나 지나가시다가 마태라 하는 사람이 세
관에 앉은 것을 보시고 이르시되 '나를 좇으라' 하시니 일어나
좇으니라. 예수께서 마태의 집에서 앉아 음식을 잡수실 때에 많
은 세리와 죄인들이 와서 예수와 그 제자들과 함께 앉았더니, 바
리새인들이 보고 그 제자들에게 이르되 '어찌하여 너희 선생은
세리와 죄인들과 함께 잡수시느냐.' 예수께서 들으시고 이르시되
'건강한 자에게는 의원이 쓸데없고 병든 자에게라야 쓸데 있느
니라. 너희는 가서 내가 긍휼을 원하고 제사를 원치 아니하노라
한 뜻이 무엇인지 배우라. 나는 의인을 부르러 온 것이 아니요
죄인을 부르러 왔노라.' 하시니라.(ὁ δὲ ἀκούσας εἶπεν, Οὐ
χρείαν ἔχουσιν οἱ ἰσχύοντες ἰατροῦ ἀλλ' οἱ κακῶς
ἔχοντες. πορευθέντες δὲ μάθετε τί ἐστιν, Ἔλεος θέλ
ω καὶ οὐ θυσίαν: οὐ γὰρ ἦλθον καλέσαι δικαίους ἀλ
λὰ ἁμαρτωλούς.)"(마태 9:10-13, 참고 마가 2:17, 누가 5:31)

이른바 마태복음을 기록한 마태가 자신과 예수의 첫 만남을 기록한 장면이다. 나는 개인적으로 이 장면을 인상 깊게 기억한다. 예수의 발언에 등장하는 '의원'이라는 단어 때문이다. 예수는 자신을 의원에 빗대고 있다. 실제로 병자들을 고친 기록이 무수히 나오니 그를 의원이 아니라 할 수도 없다. 그러니 만국의 의사들은 예수와 동류라는 점에서 자신의 일에 큰 자부심을 느껴도 좋을 것 같다.

예수의 짧은 인간적 생애를 보면 그를 규정할 수 있는 네 가지 일들이 있다. 첫째는 물론 넓은 의미의 종교인이다. 그리고 둘째는 교육자다. 셋째는 바로 의료인이다. 그리고 넷째는 한때 종사했던 목수다. 종교적 요소를 괄호 치고 생각해보면, 가장 두드러지는 것은 역시 '가르침'과 '고침'이다. 나는 철학자로서 이 부분을 특별히 주목한다. 그런데 좀 별난 걸까? 나는 이 두 가지도 하나로 연관 지어서 생각해본다. 가르침과 고침이 서로 다르지 않다고 보는 것이다. 아니, 서로 다르지 않아야 한다고 보는 것이다. '교불이의 의불이교 교즉시의 의즉시교'(教不異醫 醫不異教 教卽是醫 醫卽是教), 교의불이(教醫不二)인 셈이다. 예수뿐만이 아니다. 공자, 부처, 소크라테스 같은 이들의 가르침도 그 밑바탕에서는 '고침'이라는 이념이 작용하고 있었다. 공자의 경우가 대표적이다. '과이불개 시위과의'(過而不改 是謂過矣: 잘못을 하고도 고치지 않는 것, 이것을 일컬어 잘못이라 한다)라는 말에 등장하는 고칠 '개'(改)자가 그것을 알려준다. 사실은 그를 대표하는 바를 '정'(正)자도 마찬가지다. 뭔가 잘못된 상태를 온전한 상태로 만들고자 하는 것이다. 나는 그것을 교육과 의료의 본질로 간주한다. 사실은 정치도 마찬가지다. 그 밑바탕에 바로 예수가 말한 '긍휼'이 있다.

나는 저 아득한 대학생 시절부터 이런 생각을 갖고 있었는데, 철학은 모름지기 '의학적 성격'을 가져야 한다는 것이다. 개인에 대해서도 사회에 대해서도. 비정상의 정상화, 그것이 나의 철학적 이상이었다. 개인에 대한 철학적 의료가 곧 윤리학이고, 사회에 대한 철학적 의료가 곧 정치학 내지 사회철학이어야 한다는 것이었다. '철학과 현실'을 주제로 삼는 박종홍 철학에 내가 관심을 가진 것도 현실에 대한 철학의 그런 의학적-의료적 성격 때문이었다. 그런데 보라! 실은 저 막강한 종교인 기독교도 바로 그런 의학적-의료적 성격을 그 본질로서 갖고 있는 것이다. 예수 자신이 바로 의원이었던 것이다.

위의 장면에서 예수 자신이 그 점을 선명하게 보여준다. 그런데 여기서 또 한 가지 눈길을 끄는 발언이 있다. 의원은 '건강한 자에게는 쓸데없고 병든 자에게라야 쓸데 있다'는 것이다. 당연한 말이다. 그래서 이 말은 진리가 된다. '병든 자'…, 예수의 눈길은 이들을 향하고 있다. 그의 발길과 손길도 마찬가지다. 신약에 등장하는 중풍환자나 문둥병자, 혈루

증 환자, 소경, 벙어리, 앉은뱅이 … 뿐만이 아니다. 모든 아픈 자, 모든 수고하고 무거운 짐 진 자들도 다 포함된다. 심지어 거기에 '죄인'까지도 포함된다. 예수의 위대함이 바로 거기에 있는 것이다. 예수는 바로 그 '죄'라는 병을 고치러 온 의사였던 것이다.

의료가 극도로 발달한 오늘날은 이제 예수 같은 의사는 필요 없는 것일까? 그는 한낱 불법 의료 행위를 하는 무면허 의사로 치부되어야 하는 걸까? 천만의 말씀이다. 오늘날이야말로 예수 같은 의사가 필요한 시대다. 온 세상이 다 병들어 있다. 통째로 뜯어 고쳐야 한다. 대수술이 필요하다. 의사들조차도 적지 않은 경우 돈에 중독돼 병들어 있고, 학교 선생들도 적지 않은 경우 마찬가지고, 철학조차도 지적 대화를 위한 장식으로 전락한 경우가 역시 적지 않다. 대오각성이 필요하다고 나는 본다. 아니 구급차를 불러 응급실로 가야 한다.

예수의 재림이 뭔지, 어떤 형태의 것인지는 나도 잘 모르겠지만, 의사를 기다리는 환자의 심정으로 나도 그것을 간절히 기다리고 있다. 세상이 이대로 병들어 죽어가는 것을 차마 두 눈 뜨고 지켜만 볼 수는 없어서다. 환경철학자 한스 요나스의 표현을 빌리자면, "이제 시간이 [별로] 없다."

20. 새 포도주는 새 부대에 넣어야

"생베 조각을 낡은 옷에 붙이는 자가 없나니 이는 기운 것이
그 옷을 당기어 해어짐이 더하게 됨이요, 새 포도주를 낡은 가
죽 부대에 넣지 아니하나니 그렇게 하면 부대가 터져 포도주도
쏟아지고 부대도 버리게 됨이라. 새 포도주는 새 부대에 넣어야
둘이 다 보전되느니라."(οὐδὲ βάλλουσιν οἶνον νέον εἰς
ἀσκοὺς παλαιούς: εἰ δὲ μή γε, ῥήγνυνται οἱ ἀσκοί,
καὶ ὁ οἶνος ἐκχεῖται καὶ οἱ ἀσκοὶ ἀπόλλυνται: ἀλλὰ
βάλλουσιν οἶνον νέον εἰς ἀσκοὺς καινούς, καὶ ἀμφότ
εροι συντηροῦνται.)(마태 9:16-17)

"생베 조각을 낡은 옷에 붙이는 자가 없나니 만일 그렇게 하
면 기운 새 것이 낡은 그것을 당기어 해어짐이 더하게 되느니
라. 새 포도주를 낡은 가죽 부대에 넣는 자가 없나니 만일 그렇
게 하면 새 포도주가 부대를 터뜨려 포도주와 부대를 버리게 되

리라. 오직 새 포도주는 새 부대에 넣느니라."(καὶ οὐδεὶς βά
λλει οἶνον νέον εἰς ἀσκοὺς παλαιούς εἰ δὲ μή, ῥήξει
ὁ οἶνος τοὺς ἀσκούς, καὶ ὁ οἶνος ἀπόλλυται καὶ οἱ
ἀσκοί ἀλλὰ οἶνον νέον εἰς ἀσκοὺς καινούς.)(마가
2:21-22)

"새 옷에서 한 조각을 찢어 낡은 옷에 붙이는 자가 없나니 만
일 그렇게 하면 새 옷을 찢을 뿐이요 또 새 옷에서 찢은 조각이
낡은 것에 합하지 아니하리라. 새 포도주를 낡은 가죽 부대에
넣는 자가 없나니 만일 그렇게 하면 새 포도주가 부대를 터뜨려
포도주가 쏟아지고 부대도 버리게 되리라. 새 포도주는 새 부대
에 넣어야 할 것이니라. 묵은 포도주를 마시고 새 것을 원하는
자가 없나니 이는 묵은 것이 좋다 함이니라."(누가 5:36-39)

"새 술은 새 부대에…", 세간에 널리 유포되어 있는 유명
한 말이다. 이것이 예수가 한 말이라는 것을 모르는 사람도
많다. "낙타가 바늘귀로…", "진리가 너희를 자유케…", "일
흔 번씩 일곱 번이라도…" 등등 예수가 유포시킨 명언들이
하나둘이 아니다. 그 표현력에 탄복하지 않을 수 없다. 더욱
이 그의 언어는 소위 거룩한 교훈을 담고 있다는 점에서 그
무게가 특별하다.
  그런데 나만 그런지는 모르겠지만, "새 술은 새 부대에…"

라는 이 말은 거기 '술'이 등장함으로써 약간 특이한 느낌으로 와 닿는다. 예수와 술? 좀 어울리지 않는 조합이다. 언젠가 좋은 분들과의 유쾌한 만남에서 와인을 즐기다가 예수가 화제가 된 적이 있었는데, 자리가 자리인지라 포도주를 마시고 얼굴이 불그스레해진 예수의 모습을 상상해본 일도 있었다. 그런 게 무슨 불경은 아닐 것이다. 독일인들에게 맥주가 일상 음료이듯이 유대인들에게도 포도주는 일상 음료였던 것 같다. 그런 친숙함을 예수의 이 비유에서도 느낄 수가 있다.

모든 술들이 다 그렇지만 특히 포도주는 맛과 향을 위해 그 보관이 중요하다. 예수 당시는 요즘처럼 유리병이나 오크통이 없어서 그걸 가죽 부대에 넣어 보관을 했던 모양이다. 항아리 같은 것도 있었겠지만 그건 무게 때문에 이동과 사용이 불편했을 것이다. 그런데 요즘은 포도주를 가죽 부대에 담는 경우가 없고, 또 그 분야의 전문가가 아니라 잘은 모르겠지만 예수의 이 말을 들어보면 새 포도주를 낡은 가죽 부대에 넣으면 그 부대가 터졌던 모양이다. 그래서 "새 술은 새 부대에"라는 이 말도 나왔을 것이다. (생베 조각도 새 것을 헌 옷에 기우면 더 잘 해어지는 모양이다.)

물론 예수가 한 이 말의 진짜 주제가 '포도주와 가죽 부대'는 아니다. 그것은 명백하다. 그럼 뭘까? '새 것과 낡은 것'이다. 더 정확하게는 새 율법과 낡은 율법이다. 율법이란 요즘식으로 말하자면 행동규범이다. 이렇게 해야 한다, 그렇게 하면 안 된다는 그런 기준이다. 앞뒤 문맥을 보면 알겠지만, 예수가 이 말을 한 것은 "왜 당신의 제자들은 금식을 하지 않느냐?"는 질문 내지 은근한 비판에 대한 답변이었다.

형식적으로 지키는 의미 없는 금식을 예수는 '낡은 가죽부대'로 생각했던 것 같다. 그리고 정확한 표현은 없지만, 문맥으로 유추해볼 때 음식을 먹을 수 없을 정도로 특별한 경우에 금식하는 것은 자연스럽고도 의미 있는 것으로 평가했던 것 같다. ("혼인집 손님들이 신랑과 함께 있을 동안에 슬퍼할 수 있느냐. 그러나 신랑을 빼앗길 날이 이르리니 그때에는 금식할 것이니라.") 그런 것이, 즉 진심에서 우러나오는 생각과 행동이 '새 부대'에 해당한다고 예수는 생각한다. '새 포도주'는 예수 자신이다. 자신의 가르침이다. 철학적으로 말하자면 자신의 가치관이다. '묵은 포도주'는 기존의 권위자들이다. 전통적인 가치관이다. 그리고 '낡은 부대'가 바로 금식이나 안식일 같은 형식적 율법이었다. '새 부대'는 금식이나 안식일보다 선행이나 교육, 그런 행동방식이었다. 내용에 대한 진정한 성찰 없이 낡은 형식에만 집착하는 당시의 사람들을 예수는 지탄했다. ("묵은 포도주를 마시고 새 것을 원하는 자가 없나니 이는 묵은 것이 좋다 함이니라.")

이런 예수의 철학은 형식적인 예를 배격한 공자의 철학과도 통한다. ("예[禮], 예[禮] 하지만 구슬과 비단을 말하겠느냐. 음악, 음악 하지만 종과 북을 말하겠느냐."[禮云禮云, 玉

帛云乎哉. 樂云樂云, 鐘鼓云乎哉.]) 그리고 "내용 없는 형식은 공허하고 형식 없는 내용은 맹목이다"라고 말한 칸트의 철학과도 통한다. (정확하게는 "내용 없는 사상은 공허하고, 개념 없는 직관은 맹목이다."[Gedanken ohne Inhalt sind leer, Anschauungen ohne Begriffe sind blind.])

문제는 진정한 내용의 증발 내지 실종이다. 형식만이 권위로서 판을 친다. 학문의 세계, 종교의 세계에서는 특히 이런 경향이 심하다. 이른바 지식의 형해화도 그것이다. 진리를 갈망했던 철학들도 세월의 흐름 속에서 한갓 지식이나 정보로 전락한다. 나는 그것을 박제화 혹은 표본화라는 말로 부르기도 한다. 소위 지적 대화를 위한 지식으로서 철학은 통용된다. 사람들은 진정한 내용에 별로 아랑곳하지 않는다.

이 시대의 모든 형식주의자들에게 나는 한때 유행했던 말로 "뭣이 중헌디?"라는 질문을 던져보고 싶다. 그리고 모든 언어들이 가리키는 그 진정한 내용을 들여다보라고 호소하고 싶다. 손가락이 달을 가리킬 때는 달을 보라는 것이지 그 손가락을 보라는 것은 아니다. 세상은 온통 손가락만 보고 정작 달은 보려 하지 않는다.

배가 고프면 밥을 먹고, 굶을 만할 때 굶어야지, 시도 때도 없이 억지로 굶는다고 하나님이 기뻐하시지는 않을 것이다. (인간에게 애당초 먹는 입과 먹을 음식이 창조의 결과로서 주어져 있음을 묵상해보라!) 선행이 금식보다 더 존귀한 것임을 잊지 말자. 그런 것이 바로 '새 부대'이고 그런 의미에서 예수는 아직도 '새 술'이다. 2천 년도 더 지났건만 아직도 예수의 말과 삶에서는 그윽한 포도주의 향이 풍겨 나온다.

3.
누가와 함께

21. 이 집이 평안할지어다

"아무 성이나 촌에 들어가든지 그중에 합당한 자를 찾아내어 너희 떠나기까지 거기서 머물라. 또 그 집에 들어가면서 평안하기를 빌라. 그 집이 이에 합당하면 너희 빈 평안이 거기 임할 것이요, 만일 합당치 아니하면 그 평안이 너희에게 돌아올 것이니라."(마태 10:11-13)

"어느 집에 들어가든지 먼저 말하되 '이 집이 평안할지어다' 하라.(εἰς ἣν δ' ἂν εἰσέλθητε οἰκίαν, πρῶτον λέγετε, Εἰρήνη τῷ οἴκῳ τούτῳ.) 만일 평안을 받을 [만한] 사람이 거기 있으면 너희가 빈 평안이 그에게 머물 것이요, 그렇지 않으면 너희에게로 돌아오리라."(누가 10:5-6)

예수가 열두 제자를(혹은 70인을) 이스라엘 각지로 파송하며 당부하여 이른 말 중 하나이다. 머물 만한 집에 들어가게 되면 이렇게 빌어주라는 것이다. 제자들에게 특별한 능력을 부여해준 이후의 말이니 일단 그 축복이 유효할 거라는 게 전제로 되어 있다.

나는 이 중 '평안'(Εἰρήνη)이라는 말을 주목한다. '평화'로 번역될 수도 있다. 가톨릭교회에서 징표로 사용되기도 하는 그 평화(pax[라틴어], peace[영어])다. 중세에서는 철학자이기도 한 성 아우구스티누스가 이 개념을 특별히 부각시키기도 했다. "감미로운 평화는 모든 사람이 소중히 여기는 바이다." (dulcedo pacis omnibus cara est) "어떻든 평화를 사랑하지 않는다는 것은 불가능하다." "이 지상의 죽을 인생에서도 평화라는 말같이 들어서 즐거운 말이 없으며, 평화처럼 우리가 열망하는 것이 없으며, 평화보다 더 철저한 만족을 주는 것이 없다. 기쁨 누리기를 싫어하는 사람 없듯이 평화를 누리기 싫어하는 사람은 아무도 없다." 그는 이렇게 말했다. 그러나 "신국의 완전한 평화야말로 참된 평화"임을 그는 강조했다. 그것은 "은총이 복원하고 구현하는 본연의 지성, 내면적 질서에서 오는 평화"이다. 이 평화는 "불멸을 보장하는 궁극의 승리요, 영원한 참 행복"이다. 그가 지향하는 참 평화는 "폭력과 불의 그리고 전쟁을 혐오하는 인간적 평화"를 바탕으로 하고, 그 평화에 새로운 가치와 활력을 부여하여 "신국의 평화"로 승화된다. 그것이 그의 궁극적 지향점이었다. "그 평화 상태에서 우리의 본성은 건전하게 죽지 않음과 썩지 않음을 즐기며 아무 죄악도 없으며, 우리 자신이나 외부로부터 오는 저항들을 당하지 않을 것이므로 이미 없어진 죄악을 이성이 다스릴 필요가 없고, 하느님이 사람을 다스리며… 이와 같이 행복한 이 평화와 평화로운 이 행복이 최고선일 것이다." 가히 아우구스티누스의 평화철학이라고 할 만하다.[1]

평화(=평안, 평강)의 가치는 굳이 이렇게 철학자의 권위에 기댈 필요도 없다. 그 자체로 자명하기 때문이다. 나의 철학적 방법론이지만 그걸 '뒤집어 보기' 해보면 확실히 알 수 있다. '평화롭지 못함', '분란'과 대비해보는 것이다. 집안이든 나라든 분란이 있어 평화롭지 못하면 아무 일도 제대로 할 수가 없다. 일이 손에 잡힐 턱이 없다. 평안은, 날씨에 비유하자면 맑고 바람이 없어 온화한 상태다. 아우구스티누스의 지적대로 '행복'이 거기에 함께 있다. 그는 그것을 '최고선'이라고까지 표현한다. 공감, 또 공감이다. 나는 예전에 잠시 독일 프라이부르크에서 지내면서 가족들과 함께 인근 티티제(Titisee) 호수에 갔다가 바람 한 점 없는 그 고요한 수면을 바라보면서 그런 절대평화, 절대행복을 느낀 적이 있다. 설명이 따로 필요 없었다. 니체는 어쩌면 질스마리아(Silsmaria)에서 그런 걸 느꼈을지도 모르겠고, 하이데거는 어쩌면 '들길'(Feldweg)과 '숲길'(Holzweg)에서 그런 걸 느꼈을지도 모

---

1) 졸저 《편지로 쓴 철학사》, 아우구스티누스 편 참조.

르겠다.

　다른 누구도 아닌 예수가 그런 '평안'을 입에 올렸다는 것은 특별한 의미를 갖는다. 그것은 '합당한' 사람들에게 줄 수 있는 최고의 축복 중 하나가 되는 것이다. 우리는 그 평안의 가치를 새삼 되새겨볼 필요가 있다. 보라, 우리 주변에 얼마나 많은 분란들이 우리를 심란하게 그리고 불편하게 그리고 괴롭게 힘들게 만드는가. 수많은 집들이 평안하지 못하고, 학교들도 그렇고 회사들도 그렇고 국회도 그렇고 법원도 그렇고 정부도 그렇다. 아니 온 세상이 다 그렇다. 갈등과 대립과 다툼은 오늘날 우리에게 일상이 되어 있다. 예수가 직접 올 수 없다면 그가 파송한 사도들이라도 와서 이 세상에 머물며 '평안할지어다'라고 빌어줬으면 좋겠다. 특히 이 나라 각 분야의 날선 지도자들에게.

22. 너희는 뱀같이 지혜롭고
비둘기같이 순결하라

"보라, 내가 너희를 보냄이 양을 이리 가운데 보냄과 같도다. 그러므로 너희는 뱀같이 지혜롭고 비둘기같이 순결하라."(Ἰδοὺ ἐγὼ ἀποστέλλω ὑμᾶς ὡς πρόβατα ἐν μέσῳ λύκων: γίνεσθε οὖν φρόνιμοι ὡς οἱ ὄφεις καὶ ἀκέραιοι ὡς αἱ περιστεραί.)(마태 10:16)

나이가 들면서 언젠가부터 슬그머니 내 머릿속과 가슴속을 점령한 단어가 하나 있다. '어떤'이라는 단어다. 너무 쉬워서 그 누구의 주의도 끌지 못할지 모르겠다. 나는 이것을 때로는 질(quality)이나 격(dignity)이나 수준(niveau[불어])이라는 다소 철학적인 단어로 바꿔 부르기도 한다. '좋은', '나쁜' 같은 것이 대표적으로 그 내용을 구성한다. 좀 더 구체적으로는 친절한, 꼼꼼한, 뻔뻔한, 오만한 … 그런 것들이 다 그것에 해당한다. 사실 엄청나게 중요한 철학적 주제다. 그런 관심에서 최근에는 《국가의 품격》이라는 책을 쓰기도 했다. 핵심은 결국 '어떤 사람', '어떤 세상'이 되어야 하는가 하는 것이다. 외양이 아니라 내실이다. 껍데기가 아니라 알맹이다. "껍데기는 가라!"고 일갈한 시인 신동엽도 어쩌면 나와 비슷한 심정이었는지 모르겠다. 우리 사회는 인간의 진정한 '어떤'에 대해 너무나 관심이 없어 보인다.

이런 철학적 관심에 대해 훌륭한 화두가 되는 명언이 하나 있다. 바로 "뱀같이 지혜롭고 비둘기같이 순결하라"는 예수의 말이다. 이 말은 목자 없는 양과 같이 고생하며 헤매는 무리를 민망히 여긴 예수가 열두 제자들에게 능력을 나누어준 후 이스라엘 각지로 내보내면서 당부한 말들 중의 하나다. '지혜로운' 그리고 '순결한' 사람이 되라는 당부다. 그것을 비유하여 뱀 같은, 비둘기 같은 사람이 되라고 했다. 징그러운 뱀과 지저분하고 시끄러운 비둘기가 지혜와 순결의 상징으로서 과연 적절한지 시비를 걸 사람이 있을 수도 있겠지만, 상징은 이미지에 의한 것이니까 나는 그냥 예수를 편들어 수용하기로 하고 있다. 중요한 것은 '지혜'와 '순결'이다. 세상적인 욕망으로 더렵혀지지 않은 깨끗한, 맑은 사람이 되라는 것이다. 그리고 온갖 상황들을 잘 이해하고 판단하고 처신하는 현명한 사람이 되라는 것이다.

그런데 예수는 제자들에게 왜 하필 '이런', 즉 지혜로운 그리고 순결한 사람이 되라고 했을까? 그 까닭을 예수 자신이 이미 시사하고 있다. "내가 너희를 보냄이 양을 이리 가운데 보냄과 같도다. 그러므로…"라는 말 속에 그 답이 있다. 세상엔 이리 즉 늑대 같은 인간들이 득시글거리기 때문이다. (동물들은 곧잘 인간의 종류에 대한 비유로 활용된다. 여우[la golpe]의 교활함과 사자[il lione]의 위세를 군주의 덕으로 제시한 마키아벨리가 대표적이다.) 마키아벨리는 함정을 피하기 위해 여우가 되고 늑대를 쫓기 위해 사자가 되라고 했지만, 예수의 대응법은 다르다. 함정을 피하기 위해 뱀이 되고 늑대를 피하기 위해 비둘기가 되라고 그는 말한다. 이 다름 속에 그의 위대함이 있다.

양도 비둘기도 기본적으로 평화의 이미지를 지닌다. 그들에게는 '공격성'이 없다. 평화주의자인 것이다. 예수 본인이 그러했다. 그래서 예수는 단결과 투쟁을 외친 마르크스와 대극을 이룬다. (공산주의 국가에서 기독교를 배척하는 까닭이 거기에 있다. 허심, 용서 … 등 평화주의로는 공산주의의 기본인 투쟁이 원천적으로 불가능하기 때문이다.)

"또 눈은 눈으로, 이는 이로 갚으라 하였다는 것을 너희가 들었으나, 나는 너희에게 이르노니 악한 자를 대적치 말라. 누구든지 네 오른편 뺨을 치거든 왼편도 돌려 대며, 또 너를 송사하여 속옷을 가지고자 하는 자에게 겉옷까지도 가지게 하며, 또 누구든지 너로 억지로 오 리를 가게 하거든 그 사람과 십 리를 동행하고, 네게 구하는 자에게 주며 네게 꾸고자 하는 자에게 거절하지 말라. 또 네 이웃을 사랑하고 네 원수를 미워하라 하였다는 것을 너희가 들었으나, 나는 너희에게 이르노니 너희 원수를 사랑하며 너희를 핍박하는 자를 위하여 기도하라. 이같이 한즉 하늘에 계신 너희 아버지의 아들이 되리니, 이는 하나님이 그 해를 악인과 선인에게 비취게 하시며 비를 의로운 자와 불의한 자에게 내리우심이니라. 너희가 너희를 사랑하는 자를 사랑하면 무슨 상이 있으리오 세리도 이같이 아니 하느냐. 또 너희가 너희 형제에게만 문안하면 남보다 더 하는 것이 무엇이냐. 이방인들도 이같이 아니 하느냐. 그러므로 하늘에 계신 너희 아버지의 온전하심과 같이 너희도 온전하라."(마태 5:38-48)

이게 예수의 평화주의 철학이었다. 사람들의 자세가 다 이와 같다면, 지상의 모든 대결과 다툼, 모든 투쟁과 전쟁이 사라질 것이다. 그 결과를 상상해보면 이 평화주의의 위대함이, 그리고 예수의 위대함이 곧바로 이해된다.

거기에 더하여 뱀 같은 지혜로움이 갖춰진다면 더할 나위 없다. 속수무책으로 악한 자들에게 당하기만 해서는 안 된다는 것이다. 그래서 세상의 양들에게는 공부와 수양이 필요하다. 사람이 무릇 어떤 자인지, 세상이 무릇 어떤 곳인지 공부가 필요한 것이다. 알기만 해서도 안 된다. 실제로 자기 자신이 뱀 같은, 비둘기 같은 사람이 되어야 한다. 그래서 수양도 필요한 것이다. 나는 철학과 종교의 의의를 거기서 찾고 있다. '앎-함-됨', 예수는 그것을 한 몸에 지닌 존재였다. '어떤'이라는 단어의 표준으로 나는 예수를 우러러본다.

23. 수고하고 무거운 짐 진 자들아
다 내게로 오라

"수고하고 무거운 짐 진 자들아 다 내게로 오라. 내가 너희를 쉬게 하리라. 나는 마음이 온유하고 겸손하니 나의 멍에를 메고 내게 배우라. 그러면 너희 마음이 쉼을 얻으리니, 이는 내 멍에는 쉽고 내 짐은 가벼움이라 하시니라."(Δεῦτε πρός με πάντες οἱ κοπιῶντες καὶ πεφορτισμένοι, κἀγὼ ἀναπαύσω ὑμᾶς. ἄρατε τὸν ζυγόν μου ἐφ' ὑμᾶς καὶ μάθετε ἀπ' ἐμοῦ, ὅτι πραΰς εἰμι καὶ ταπεινὸς τῇ καρδίᾳ, καὶ εὑρήσετε ἀνάπαυσιν ταῖς ψυχαῖς ὑμῶν.)(마태 11:28-29)

개인적으로 특별히 좋아하는 말 중의 하나다. 단, 솔직히 고백하지만 이 말이 갖는 종교적인 의미는 잘 알지 못한다. 예수 그리스도의 멍에가 쉽고 그 짐이 가볍다는 말도 잘 납득하지 못한다. 내가 느끼기로는 그 멍에가 너무 어렵고 그 짐이 너무 무겁기 때문이다. 그의 멍에와 짐은 아무나 쉽게 짊어질 수 있는 게 아니라고 나는 생각한다. 그래서 나는 그를 무척이나 좋아하면서도 아직 공식적인 크리스천이 못 되고 있고 그 짐을 실제로 지고 있는 분들을 무한한 존경심으로 우러러본다.

그럼에도 불구하고 나는 이 말을 좋아한다. 여기에 등장하는 단어들, 수고, 무거운 짐, 쉼, 온유, 겸손, 배움 … 이런 것들이 내게는 너무나 절실하기 때문이다. 나 자신이 쉼을 얻고 싶고 쉼을 주고 싶기 때문이다.

"수고하고 무거운 짐 진 자들" 아닌 자들이 과연 이 지상에 있는지, 있을 수 있는지, 있다면 한번 만나보고 싶다. 내가 아는 한, 이 지상에서 삶을 살아가는 사람들은 모두가 엄청난 수고를 하고 있고 모두가 무거운 짐들을 힘겹게 지고 있다. 심지어 예수가 그토록 아꼈던 어린아이들조차도 요즘은 모두가 수고를 하고 있고, 무거운 짐들을 지고 있다. 그들의 학원 가방만 보아도 알 일이다. 숭고한 사랑 끝에 결혼한 자들도 또한 그 사랑의 이름으로 가족이라는 멍에를 쓰고 자식이라는 무거운 짐을 지기도 한다. 모두가 예외 없다. 하물며 보통의 경우는 먹고사는 것만 해도 엄청난 수고를 하지 않으면 안 된다. 그런 우리 인간의 모습을 니체는 낙타에 비유하기도 했다. 쉽게 부인할 수 없는 진실이다. 수고와 무거운 짐에서 예외인 자는 내가 아는 한 거의 없다. 좀 극단적이지만 시시포스의 신화도 이를 알려준다. 무익한 수고의 무한 반복, 그게 우리 인간의 여실한 모습인 것이다.

바로 그래서다. 그래서 예수의 이 말은 우리의 귀를 번쩍 뜨이게 하는 것이다. "다 내게로 오라. 내가 너희를 쉬게 하리라"라고 그가 말하고 있기 때문이다. 얼씨구나, 고마워라, 하고 모두가 달려가야 할 판이다. 왜냐고? 거기에 쉼이 있다지 않는가. 쉬게 해주겠다고 하지 않는가. 정말일까? 어떻게?

나는 이 말을 이렇게 해석해본다. 예수의 이 말에는 고맙게도 "나는 마음이 온유하고 겸손하니… 내게 배우라"라는 힌트가 있다. 마음, 온유, 겸손, 이 단어들은 이 수수께끼를 푸는 열쇠가 된다. 사람들이 하는 수고와 사람들이 지는 무거운 짐은 사실 대부분 사람들의 '마음'에서 비롯된다. 살아보면 누구나가 쉽게 알 수 있는 일이다. 마음의 모짊이 우리를 수고스럽게 하고 무거운 짐이 되는 경우가 무수히 많다. 반대로 그 마음의 온유와 겸손은 우리를 편안하게 만들어준다. 만인에게 엄마의 품 안이 편안한 까닭도 거기에 있다. 엄마는 온유와 겸손의 상징이기 때문이다. 그렇듯 예수도 온유와 겸손의 상징이 된다. 온유는 이미 산상수훈에서도 가치로서 제시되었다. 겸손은 그가 한사코 자신을 '인자'(사람의 아들)라고 지칭한 데서도 드러난다. 스스로 가장 낮은 곳에 머물렀다. 겸손도 이런 겸손이 없다. 그런 온유와 겸손을 배우라는 것이다. 그러면 그 모든 배운 자들이 예수처럼 온유하고 겸손해진다. 온유하고 겸손한 자는 거칠고 오만한 자처럼 남을 힘들게 하지 않는다. 무거운 짐을 남에게 지우기를 좋아하지 않는다. 바로 거기에 '쉼'을 위한 편안한 공간이 만들어진다. '마음의 쉼', 실로 위대한 철학이 아닐 수 없다.

쉼을 가능케 하는 '편안함'은 '노자안지'(老者安之)가 알려주듯, 공자의 가치이기도 했다. 겸손은 '상선약수'(上善若水), '공수신퇴'(功遂身退)가 말해주듯, 노자의 가치이기도 했다. 이는 이 가치가 보편적으로 위대한 것임을 방증한다.

수고하고 무거운 짐 진 모든 자들을 대표해서 말하고 싶다. "쉬고 싶다." 그러니 예수에게로 한번 가보자. 그가 우리를 쉬게 해준다지 않는가. 가서 그에게 온유함과 겸손을 배워보기로 하자. 우리 모두가 마음의 쉼을 얻을 수 있다면 이 지상에서 그보다 더한 복이 또 어디 있겠는가.

24. 마음에 가득한 것을 입으로 말함이라

"독사의 자식들아 너희는 악하니 어떻게 선한 말을 할 수 있 겠느냐. 이는 마음에 가득한 것을 입으로 말함이라.(γεννήματα ἐχιδνῶν, πῶς δύνασθε ἀγαθὰ λαλεῖν πονηροὶ ὄντες; ἐκ γὰρ τοῦ περισσεύματος τῆς καρδίας τὸ στόμα λα λεῖ.) 선한 사람은 그 쌓은 선에서 선한 것을 [입 밖에] 내고 악 한 사람은 그 쌓은 악에서 악한 것을 [입 밖에] 내느니라. 내가 너희에게 이르노니 사람이 무슨 무익한 말을 하든지 심판 날에 이에 대하여 심문을 받으리니, 네 말로 의롭다 함을 받고 네 말 로 정죄함을 받으리라.(ἐκ γὰρ τῶν λόγων σου δικαιωθή σῃ, καὶ ἐκ τῶν λόγων σου καταδικασθήσῃ.)"(마태 12: 34-37)

예수 그리스도에게 '언어철학'이 있다는 것을 아는 사람은 의외로 드물다. 이게 바로 그것이다. 나는 개인적으로 오스틴이나 소쉬르나 촘스키의 이론보다도, 또 그 밖의 어떤 이론보다도 예수의 이 언어론을 더 주목한다.

나는 예전에 언어의 색깔론을 제시한 적이 있는데, 언어와 정신과 세상의 상호 영향 관계를 강조한 것이었다. 파란 언어는 정신을 파랗게, 빨간 언어는 정신을 빨갛게 물들이고, 그 정신의 색깔이 다시금 세상을 그런 색깔로 물들인다는 게 그 기본 취지였다. 그래서 우리가 혀 위에 올려놓는 말의 '어떠함'이 중요하다고, 그것을 돌아보고 고치자고, 그렇게 해서 세상을 맑히는 산소 같은 언어를 퍼트리기 위해 노력하자고 호소했다. 나는 그때 일반적인 소위 '인문학적 언어'의 홀대와 퇴조와 상실을 크게 우려했지만, 실은 그 밑바탕에 예수의 이런 언어관이 깔려 있었던 셈이기도 하다.

예수는 언어의 본질을 꿰뚫어 알고 있다. 선한 사람-선한 마음-선한 말이 연결돼 있고, 악한 사람-악한 마음-악한 말이 연결돼 있어, 종국에는 그 말로 그 사람의 무죄와 유죄가 심판된다는 것이다. 아주 단순하고 선명하고 명쾌하다. 그리고 정확하다. 심지어 욕설조차도 예수는 경고하고 꾸짖었다. 화목-화해론에 해당하는 저 유명한 말 "형제를 대하여 라가라 하는 자는 공회에 잡히게 되고 미련한 놈이라 하는 자는 지옥 불에 들어가게 되리라." 하는 것이 그것을 알려준다. 불교에서 말하는 '구업(口業)을 쌓는다'는 말도 실은 그 취지가 이것과 다르지 않다. (위대한 분들의 위대한 말에 취지가 서

로 통하는 부분이 적지 않은데 참 흥미로운 현상이 아닐 수
없다.)

그런데 사람들은 이렇게 언어가 정신과 세상에 미치는 영
향을 잘 알지 못한다. 그래서 입을 함부로 놀린다. 이게 얼마
나 큰 문제였으면 예수는 그런 자들을 '독사의 자식들'이라
고까지 질타했겠는가. 예수는 나쁜 말들이 사람을 더럽게 한
다고 분명히 알려준다.

"입에 들어가는 것이 사람을 더럽게 하는 것이 아니라 입에
서 나오는 그것이 사람을 더럽게 하는 것이니라.(οὐ τὸ εἰσερ
χόμενον εἰς τὸ στόμα κοινοῖ τὸν ἄνθρωπον, ἀλλὰ τὸ
ἐκπορευόμενον ἐκ τοῦ στόματος τοῦτο κοινοῖ τὸν ἄν
θρωπον.) […]
예수께서 가라사대 너희도 아직까지 깨달음이 없느냐. 입으
로 들어가는 모든 것은 배로 들어가서 뒤로 내어버려지는 줄을
알지 못하느냐. 입에서 나오는 것들은 마음에서 나오나니 이것
이야말로 사람을 더럽게 하느니라."(마태 15:11, 16-18, 마가
7:15)

입으로 들어가는 것보다 입에서 나오는 것, 즉 나쁜 말들
은 배설물보다도 더 더럽다는 것이다.
말로 그 사람을 알 수 있다. 예수의 말대로 마음에 가득 찬

128

것이 입 밖으로 넘쳐 나오기 때문이다. 예수는 그렇게, 보이지는 않지만 마음속에 가득 찬 그것의 상태를 (즉 그것의 '어떠함'을) 중요시했다. "이 백성이 입술로는 나를 존경하되 마음은 내게서 멀도다."(마태 15:8) 하는 말도 연관된 발언으로 해석할 수 있다.

나는 요즘의 세상을 안타깝고 걱정스런 마음으로 둘러본다. 혼탁한 언어들이 세상에 횡행한다. 미세먼지보다도 더 자욱하다. 맑은 영혼은 그 속에서 숨쉬기조차 거북하다. 특히 이른바 SNS의 언어들이 그러하다. 무책임하고 경박하고 심지어 살벌하기도 하다. 소위 댓글이라는, 소위 악플이라는 언어들은 심지어 사람을 죽음으로 몰아가기도 한다. 그런 언어를 쏟아내는 자들을 우리는 "독사의 자식들아!"라고 질타하지 않으면 안 된다. 그 옛날 저 유대 땅에서 예수 그리스도가 그렇게 했던 것처럼, 단순하게, 선명하게, 명쾌하게, 그리고 과감하게.

25. 더러는 좋은 땅에 떨어지매 …
결실을 하였느니라

"예수께서 비유로 여러 가지를 저희에게 말씀하여 가라사대, 씨를 뿌리는 자가 뿌리러 나가서 뿌릴새 더러는 길가에 떨어지매 새들이 와서 먹어버렸고, 더러는 흙이 얇은 돌밭에 떨어지매 흙이 깊지 아니하므로 곧 싹이 나오나 해가 돋은 후에 타져서 뿌리가 없으므로 말랐고, 더러는 가시떨기 위에 떨어지매 가시가 자라서 기운을 막았고, 더러는 좋은 땅에 떨어지매 혹 백 배, 혹 육십 배, 혹 삼십 배의 결실을 하였느니라. 귀 있는 자는 들으라 하시니라.(ἄλλα δὲ ἔπεσεν ἐπὶ τὴν γῆν τὴν καλὴν καὶ ἐδίδου καρπόν, ὃ μὲν ἑκατόν, ὃ δὲ ἑξήκοντα, ὃ δὲ τριάκοντα. ὁ ἔχων ὦτα ἀκουέτω.)"(마태 13:3-9)

"그런즉 씨 뿌리는 비유를 들으라. 아무나 천국 말씀을 듣고 깨닫지 못할 때는 악한 자가 와서 그 마음에 뿌리는 것을 빼앗나니 이는 곧 길가에 뿌려진 자요, 돌밭에 뿌려졌다는 것은 말씀을 듣고 즉시 기쁨으로 받되 그 속에 뿌리가 없어 잠시 견디다가 말씀을 인하여 환난이나 핍박이 일어나는 때에는 곧 넘어지는 자요, 가시떨기에 뿌려졌다는 것은 말씀을 들으나 세상의 염려와 재리의 유혹에 말씀이 막혀 결실치 못하는 자요, 좋은 땅에 뿌려졌다는 것은 말씀을 듣고 깨닫는 자니 결실하여 혹 백 배, 혹 육십 배, 혹 삼십 배가 되느니라 하시더라."(마태 13: 18-23)

예수가 비유를 즐겨하였다는 것은 유명한 이야기고 그중에서도 이 씨 뿌리는 비유는 특히 유명하다. 더욱이 이 비유에 대해서는 예수가 직접 해설이랄까 풀이랄까 친절한 설명까지도 곁들이고 있어 그 의미 내지 의도도 명백한 편이다. 아마 이번 주에도 어느 교회에선가는 이 말이 목사님의 설교 주제로 인용될 것이다.

그러나 우리는 이 말의 '쉬움'을 조심하지 않으면 안 된다. 왜냐하면 이 쉬운 말 속에 너무너무 어려운 과제가 적혀 있기 때문이다. 무슨 과제? '천국 말씀'을 듣고 깨닫고, 기쁨으로 받고, 100배, 60배, 30배 결실을 맺으라는 과제다. 이게 쉬운 일이 아닌 것이다. 그 어려움을 예수는 이미 통찰했고 그걸 '길가', '돌밭', '가시떨기'에 비유한 것이다.

기껏 애써 뿌린 소중한 씨앗을 새들이 와서 먹어버리기도 하고, 곧 싹이 나오나 뿌리가 깊지 않아 해가 돋은 후에 타서 말라버리기도 하고, 가시가 자라서 기운을 막아버리기도 한다. 그게 길가, 돌밭, 가시떨기에 뿌려진 씨의 사정이랄까 운명인 것이다. 즉, 소중한 천국 말씀을 악한 자가 와서 빼앗기도 하고, 말씀을 기쁘게 듣지만 그 말씀으로 인해 곤란한 처지가 되면 곧 넘어지기도 하고, 세상의 염려와 재물의 유혹에 말씀이 막혀 결실을 맺지 못하기도 한다. 예수는 이 모든 경우들을 다 알고 있었다. 그게 다 '듣고 깨닫지' 못했기 때문이라고 진단한다.

"그러므로 내가 저희에게 비유로 말하기는 저희가 보아도 보지 못하며 들어도 듣지 못하며 깨닫지 못함이니라. 이사야의 예언이 저희에게 이루었으니 일렀으되 너희가 듣기는 들어도 깨닫지 못할 것이요 보기는 보아도 알지 못하리라. 이 백성들의 마음이 완악하여져서 그 귀는 듣기에 둔하고 눈은 감았으니 이는 눈으로 보고 귀로 듣고 마음으로 깨달아 돌이켜 내게 고침을 받을까 두려워함이라 하였느니라. 그러나 너희 눈은 봄으로 너희 귀는 들음으로 복이 있도다.(ὑμῶν δὲ μακάριοι οἱ ὀφθαλμοὶ ὅτι βλέπουσιν, καὶ τὰ ὦτα ὑμῶν ὅτι ἀκούουσιν.) 내가 진실로 너희에게 이르노니 많은 선지자와 의인이 너희 보는 것들을 보고자 하여도 보지 못하였고 너희 듣는 것들을 듣고자 하여도 듣지 못하였느니라."(마태 13:13-17)

들어도 듣지 못함, 들어도 깨닫지 못함…. 보지 못하는 눈, 듣지 못하는 귀…, 그 안타까움…. 그리고 제대로 보는 눈과 제대로 듣는 귀의 복됨…. 내용은 다르지만, 나도 한평생 강단에서 선생을 생업으로 해온 터라 예수의 이 심정이 충분히 짐작 혹은 이해된다. '말'을 제대로 보고 듣고 깨닫고 결실을 맺는 경우란 정말로 드문 일이었기 때문이다. 철학 내지 학문이 그러할진대 '천국 말씀'이야 오죽하겠는가. 그게 사람에게서 결실을 맺는다는 것이 어디 쉬운 일이겠는가.

그러나 나는 포기하지 않고 있다. 희망을 버리지 않고 있다. '천국 말씀'이라는 게 예수가 남긴 저 소중한 가르침들과 다른 게 아닐 것이고, 그것들은 예컨대 사랑, 허심, 긍휼, 온유, 용서, 청정심 … 등등 마음만 먹으면 얼마든지 실천 가능한 것이기 때문이다. 꼭 완벽하지 않아도 좋고 완전하지 않아도 좋다. 인간이란 애당초 불완전한 존재니까. 여러 번 말하지만 최근의 나는 "그것만 해도 어디야…"라는 걸 입에 달고 산다. 100이 아니면 60, 60이 아니면 30, 아니 30이 아니면 3이라도 그 '말씀'을 듣고 깨닫고 행하여 결실을 이룬다면, 나는 그것만 해도 대단하다며 박수를 쳐주고 싶다. '좋은 땅'이 저 캘리포니아나 만주 벌판처럼 드넓다면야 더할 나위 없지만, 저 강원도 첩첩산중 조그만 밭뙈기에도 좋은 땅이 없지는 않다. 한 뼘이라도 그런 곳을 늘려간다면 그것도 결국은 소중한 '하나님의 영토'(Civitas Dei)가 되지 않을까, 그렇게 위안을 해보고는 한다. 나는 그런 조그만 '좋은 땅'을 여러 군데서 본 적이 있다. 거기에 뿌려진 씨는 먹히지도 않았고 메마르지도 않았고 기운을 뺏기지도 않았다. 예수 그리스도도 그의 아버지 하나님도 그런 곳들을 축복해주리라 믿어 마지않는다. 그 결실들에 대한 위로와 격려와 감사를 여기에 소박하나마 적어두고 싶다. 그들은 예수의 제자였다.

26. 귀 있는 자는 들으라

"귀 있는 자는 들으라."(ὁ ἔχων ὦτα ἀκουέτω.) 마태복음 13장 9절 그리고 마가복음 4장 9절이 전하는 예수의 말이다. 언제부터였는지는 잊어버렸지만, 이 말은 내 가슴에 깊이 새겨져 이따금 나 자신이 이 말을 인용하기도 한다. 이 말은 유명한 씨 뿌리기의 비유에 이어 나온 것이다. 길가-돌밭-가시덤불-좋은 땅 등 씨가 뿌려진 장소의 상태에 따라 그 결실이 크게 달라진다는 것이다. 제자들의 질의와 예수의 응답으로 그 문맥은 제법 길게 이어진다. 예수는 이렇게 덧붙인다.

"… 그러므로 내가 저들에게 비유로 말하기는 저들이 보아도 보지 못하며 들어도 듣지 못하며 깨닫지 못함이니라. 이사야의 예언이 저들에게 이루었으니 일렀으되 '너희가 듣기는 들어도 깨닫지 못할 것이요 보기는 보아도 알지 못하리라. 이 백성들의 마음이 완악하여져서 그 귀는 듣기에 둔하고 눈은 감았으니 이는 눈으로 보고 귀로 듣고 마음으로 깨달아 돌이켜 내게 고침을 받을까 두려워함이라.' 하였느니라. 그러나 너희 눈은 봄으로 너희 귀는 들음으로 복이 있도다. 내가 진실로 너희에게 이르노니 많은 선지자와 의인이 너희 보는 것들을 보고자 하여도 보지 못하였고 너희 듣는 것들을 듣고자 하여도 듣지 못하였느니라." (마태 13:13-17)

씨 뿌리기의 비유 자체는 워낙 유명하고 자주 거론되므로 목사님들의 설교에 맡기고, 여기서는 '귀'와 '들음'의 철학적 의미를 잠시 곱씹어보기로 하자.

우리에게는 귀가 있다. 이 귀라는 것은 애당초 '듣는다'는 것을 대전제로 한 기관이다. (귀고리 장식 같은 역할도 있지만 그런 건 당연히 부차적이다.) 귀는 온갖 소리를 듣는다. 자연의 아름다운 소리들과 인간의 노래 및 음악을 생각해보면 그 의미와 축복도 결코 작은 것은 아니지만, 결정적으로 중요한 것은 역시 '말'을 듣는 것이다. 귀는 말을 듣는다. 당연한 이야기지만 이 말은 그냥 소리가 아니다. 그 말에는 내용과 의미가 있는 것이다. 우리는 그것을 알아듣고 소통을 한다. 그리고 그것을 행한다. 그 결과로 사람과 세상이 달라진다. 이 '행함'이 결정적으로 중요한 것이다. 언어분석 철학자인 영국의 존 오스틴이 말 자체의 그런 '수행성'을 잘 알려준다.

그런데 예수는 왜 굳이 "귀 있는 자는 들으라"고 말했을까? 그의 말은 단순명쾌하다. "들어도 듣지 못하며 깨닫지 못함이니라." 즉, 귀가 있는데도, 듣고 있는데도, 듣고 있는 그 말의 내용 내지 의미를 듣지 못하며 깨닫지 못하기 때문이다. 심지어 "귀로 듣고 마음으로 깨달아 돌이켜 내게 고침을 받을까 두려워함이라"라고까지 말한다. 좋은 말을 듣고 좋은 사람이 될까 도리어 두려워한다는 것이다. 그래서 그런 말을 듣고 싶지 않은 것이고 그래서 스스로 자기 귀를 닫아버리는 것이다. 그래서 "들으라…"는 예수의 말에는 어떤 절실함의 무게가 실려 있다.

이 '듣지 못함' 내지 '듣지 않음'은 직접적으로는 비유의 이해를, 즉 (1) 악한 자가 와서 그 마음에 뿌리는 것을 빼앗는 것, (2) 잠시 견디다가 말씀을 인하여 환난이나 핍박이 일어나는 때에는 곧 넘어지는 것, (3) 세상의 염려와 재리의 유혹에 말씀이 막혀 결실치 못하는 것을 가리키고, 그리고 '들음'은 (4) 말씀을 듣고 깨달아 결실하는 것을 가리키지만, 우리는 이 말을 확대 해석해볼 필요가 있다. 예수가 말한 '천국 말씀'뿐만이 아니라, 온갖 종류의 '좋은 말들'에 대해 우리 시대가 총체적으로 귀를 닫고 있기 때문이다.

오랫동안 우리 사회에 좋은 언어들을 제공해 사람들의 마음 밭을 촉촉이 적셔주었던 S라는 잡지와 J라는 잡지가 폐간의 위기에 내몰렸다는 소식이 그 귀의 '듣지 않음'을 상징적으로 알려준다. 온갖 인문학의 언어들도 마찬가지다. 그 뿌리가 다 말라가고 있다.

귀라고 다 귀가 아니고 말이라고 다 말이 아니다. 우리는 귀와 말의 종류와 '질'에 대해 관심을 기울이지 않으면 안 된다. 귀를 열기만 하면 들을 만한 좋은 말들은 얼마든지 있다. 예수의 말들이 대표적이다. 그런 말들이 사람을 비로소 사람답게 만들고 세상을 비로소 세상답게 만든다. 그러면 거의 천국이 된다. 내가 전하고자 했던 공자-부처-소크라테스의 말들, 철학의 말들, 시의 말들도 다 마찬가지다.

상황은 결코 밝지 않지만, 나는 주변에 있는 적지 않은 좋은 분들을 보며 희망을 놓지 않는다. 언젠가 졸저의 한 귀퉁이에 적어놓은 이 말은 아직도 여전히 유효하다.

"진정한 언어는 언젠가 어디선가 반드시 그것을 들어주는 귀를 만나게 된다."

27. 마음에서 나오는 것이 사람을 더럽게 한다

"입으로 들어가는 모든 것은 배로 들어가서 뒤로 내어버려지는 줄을 알지 못하느냐. 입에서 나오는 것들은 마음에서 나오나니 이것이야말로 사람을 더럽게 하느니라.(τὰ δὲ ἐκπορευόμενα ἐκ τοῦ στόματος ἐκ τῆς καρδίας ἐξέρχεται, κἀκεῖνα κοινοῖ τὸν ἄνθρωπον.) 마음에서 나오는 것은 악한 생각과 살인과 간음과 음란과 도적질과 거짓 증거와 훼방이니, 이런 것들이 사람을 더럽게 하는 것이요 씻지 않은 손으로 먹는 것은 사람을 더럽게 하지 못하느니라."(마태 15:17-20)

"무엇이든지 밖에서 사람에게로 들어가는 것은 능히 사람을 더럽게 하지 못하되, 사람 안에서 나오는 것이 사람을 더럽게 하는 것이니라.(ἀλλὰ τὰ ἐκ τοῦ ἀνθρώπου ἐκπορευόμενά ἐστιν τὰ κοινοῦντα τὸν ἄνθρωπον.) […] 무엇이든지 밖에서 들어가는 것이 능히 사람을 더럽게 하지 못함을 알지 못하

느냐. 이는 마음에 들어가지 아니하고 배에 들어가 뒤로 나감이
니라. […] 사람에게서 나오는 그것이 사람을 더럽게 하느니라.
속에서 곧 사람의 마음에서 나오는 것은 악한 생각 곧 음란과
도적질과 살인과, 간음과 탐욕과 악독과 속임과 음탕과 흘기는
눈과 훼방과 교만과 광패니, 이 모든 악한 것이 다 속에서 나와
서 사람을 더럽게 하느니라."(마가 7:15-23)

앞서 '예수의 언어철학'이라는 관점에서 이 말을 음미해보
았다. 같은 이 말을 약간 다른 관점에서, 즉 '더러움과 깨끗
함'이라는 관점에서, 다시 한 번 들여다보기로 한다. 이를 재
미삼아 '예수의 미학'이라 불러도 좋다.

예수의 가치론은 대체로 단순명쾌하다. 어렵지 않다. 그게
특징이다. 그의 미학, 즉 더러움과 깨끗함에 관한 생각도 마
찬가지다. "사람에게로 들어가는 것이 사람을 더럽게 하는
게 아니라, 사람에게서 나오는 것이 사람을 더럽게 한다"는
것이 그의 미학적 테제이다. 구식 번역이 좀 번잡해서 그렇
지, 내용은 아주 단순명쾌하다. 들어가는 것은 '음식'이요, 나
오는 것은 '생각'이다. (그리고 '말'이다.) '악한 생각'과 그로
인한 '악한 행위'들이다. 그게 '살인과 간음과 음란과 도적질
과 거짓 증거와 훼방'(마태), '음란과 도적질과 살인과, 간음
과 탐욕과 악독과 속임과 음탕과 흘기는 눈과 훼방과 교만과
광패'(마가)다. 마가복음의 기록이 좀 더 구체적이다.

손에 묻은 것보다 이런 생각들과 행위들이 더 더럽다고 예수는 단언한다. 직접적인 언급은 없지만 문맥을 보면 입으로 들어간 음식의 배설물 즉 똥보다도 이런 것이야말로 진정 더러운 것이라고 예수는 말하고 싶어 한다. (언어적 관점에서 본다면 입으로 들어가는 것보다 입에서 나오는 것이 더 더러운 셈이다. 혹은 뒤로 나오는 것보다 앞으로 나오는 것이 더 더러운 셈이다.) 그의 미학은 곧 윤리학이다. 역시 재미삼아 '윤리(적) 미학'이라 불러도 좋다.

그 내용을 한번 확인해보자. 악한 생각에서 나오는 저 악한 행위들, '살인, 간음, 음란, 도적질, 거짓 증거, 훼방, 탐욕, 악독, 속임, 음탕, 흘기는 눈, 교만, 광패', 공통분모를 추리면 이렇게 정리된다. 이 모든 게 다 '악한 마음'에서 나오는 '더러운 것'들이다. 예수의 철학은 상식으로 확인된다. 이런 것들을 '깨끗하다'고 말할 사람은 없다. 인정, 인정, 또 인정. 누구든 인정할 수밖에 없다.

나는 다른 누구도 아닌 예수의 입에서, '신의 아들'이라 일컬어지는 그의 입에서, 이런 구체적인 단어들이 나왔다는 사실을 특별히 주목한다. 그가 이런 것들을 현실적인 '문제들'로 인식하고 있었다는 것이다. 그리고 이것을 '더럽다'고 규정했다는 것이다. 이 단어가 그의 명쾌한 판단을 알려준다. 의심의 여지도 없고 망설임의 여지도 없다.

문제는 '사람들'이다. 그들에게는 이런 의식과 판단이 없다는 것이다. 이런 윤리와 미학이 없다는 것이다. 무엇이 맞고 틀린지, 무엇이 옳고 그른지, 무엇이 좋고 나쁜지, 진선미가 온통 뒤죽박죽이라는 말이다. 엉망진창이라는 말이다. 그래서 예사로 '살인, 간음, 음란, 음탕, 도적질, 거짓 증거, 훼방, 탐욕, 악독, 속임, 흘기는 눈, 교만, 광패', 이런 짓들을 감행하는 것이다. 똥보다도 더 더러운 것이다. 세상에 그 악취가 진동한다.

이런 현실을 생각하면 나는 예수와 더불어 가슴이 아프다. 예수는 이 모든 참담한 현실의 원천이 '마음'임을 명확히 꿰뚫어보고 있었다. 악한 마음, 더러운 마음이다. 그게 그의 진단이자 통찰이었다. '마음'에 관한 연구와 교육이 절실히 필요한 연유가 거기에 있다.

마음이란 것은 눈에 보이지 않는다. 그래서 스스로 눈을 감는 외면과 교묘히 감추는 가식도 가능하다. 그래서 그것을 들여다보는 안경, 혹은 비춰보는 거울이 필요하다. 그런 안경과 거울이 바로 철학을 비롯한 인문학이다. 학문적으로는 종교도 거기에 포함된다. 그런데 이 모든 것들이 지금 대부분다 인기가 없다. 안경가게도 거울가게도 다 돈이 안 된다는이유로 폐업의 위기에 내몰려 있다. 그나마 성업 중인 교회라도 좀 제 역할을 (마음을 깨끗이 하는 역할을) 해줬으면 하고나는 간절히 희망한다. 많은 사람들이 '아멘'(='그렇게 되기를') 하고 동조를 좀 해줬으면 좋겠다.

28. 온 천하를 얻고도 제 목숨을 잃으면 무엇이 유익하리오

"누구든지 제 목숨을 구원코자 하면 잃을 것이요 누구든지 나를 위하여 제 목숨을 잃으면 찾으리라. 사람이 만일 온 천하를 얻고도 제 목숨을 잃으면 무엇이 유익하리오. 사람이 무엇을 주고 제 목숨을 바꾸겠느냐."(ὃς γὰρ ἐὰν θέλῃ τὴν ψυχὴν αὐτοῦ σῶσαι ἀπολέσει αὐτήν: ὃς δ' ἂν ἀπολέσῃ τὴν ψυχὴν αὐτοῦ ἕνεκεν ἐμοῦ εὑρήσει αὐτήν. τί γὰρ ὠφε ληθήσεται ἄνθρωπος ἐὰν τὸν κόσμον ὅλον κερδήσῃ τὴν δὲ ψυχὴν αὐτοῦ ζημιωθῇ; ἢ τί δώσει ἄνθρωπος ἀντάλλαγμα τῆς ψυχῆς αὐτοῦ;)(마태 16:25-26)

기독교도들에게는 너무나 귀에 익은 말이다. "누구든지 나를 따라오려거든 자기를 부인하고 자기 십자가를 지고 나를 좇을 것이니라." 하는 말에 이어 예수가 제자들에게 던진 말이다. 종교적 해석으로는 '자기 부인'과 '자기 십자가'에 초점이 맞춰져 있지만, 나는 '목숨'이라는 말에 초점을 맞추어 그 의미를 철학적으로 새겨본다. 예수 본인의 발언인 만큼 이 말에도 충분한 의미가 있다고 믿기 때문이다.

예수는 여기서 '목숨' 즉 '생명'의 지극한 가치를 대전제로 깔고 이야기를 하고 있다. 그것은 어쩌면 저 창세기가 알려주는 대로 그것이 신에 의해 우리 인간에게 불어넣어진 원천적으로 고귀한 것이기 때문인지도 모른다. 아닌 게 아니라 '생명'은 기적 중의 기적에 해당한다. 신비 중의 신비에 해당한다. 그것은 모든 인간적 가치의 최종 지점에 위치한다. 우리 인간이 가진 모든 것을 하나씩 버려나가도 마지막까지 버릴 수 없는 것이 생명이다. 인간이 그토록 간절히 추구하는 부-귀-공-명도 목숨보다 더 소중할 수는 없다.

나는 교양 '인생론'에서 '생명으로서의 인간'이라는 주제를 한 토막 다루는데, 그때 이 생명의 소중함을 강조하면서 그것이 수억 대 일의 경쟁을 통해 성립된다는 것과, 그것을 위해 우리 인간이 어떤 부-귀-공-명도 다 지불할 수 있다는 것을 그 증거로 제시한다. "네 모든 재산을 내놓는다면 네 가장 사랑하는 사람을 죽음에서 구할 수 있다. 너는 어떻게 할 거냐?"라고 물어보면 거의 대부분이 (기꺼이 혹은 아깝지만) 그렇게 하겠다고 대답한다. 특히 아이를 가진 엄마 학생들은 당연히 그렇게 할 것이라고 대답한다. 그 대답에 거짓은 없을 것이다. 그만큼 생명이란 것은 소중한 것이다.

최근에는 이른바 생태철학을 포함한 넓은 의미의 생명윤리 내지 생명철학이 철학의 중심부에서 활발히 논의되기도 했다. 엄청난 양의 연구 성과도 축적돼 있다. 나는 그런 철학의 뿌리에 바로 예수의 이 단순명쾌한 발언이 자리하고 있다고 해석한다. "사람이 만일 온 천하를 얻고도 제 목숨을 잃으면 무엇이 유익하리오. 사람이 무엇을 주고 제 목숨을 바꾸겠느냐." 이 말은 생명이 온 천하보다도 더 유익한 것이요, 그 무엇으로도 대체 불가능한 것임을 일러준다.

그런데 이 말을 기억하면서 우리의 현실을 한번 둘러보자. 우리 인간들은 그토록 소중한 이 생명을 과연 어떻게 인식하고 어떻게 취급하고 있는가? 너무나 하찮게 여겨지는 경우가 많다. 듣기에도 끔찍한 연쇄살인, 토막살인 등이 버젓이 언론에 오르내리고, 음주운전이나 폭행을 통한 사망사고, 악플 등을 통해 사람을 자살로 내모는 간접살인 … 등등 한도 끝도 없다. 전쟁과 테러는 말할 것도 없다. 그런 직접적인 것들이 아니더라도, 간접적으로 생명을 파괴하는 일들은 더 많다. 흡연, 마약, 유해음식, 기아, 환경파괴, 환경오염 … 등등. 생명을 고려한다면 할 수 없는, 해서는 안 될 일들이 버젓이 행해지고 있다. 대오각성이 필요한 부분이 아닐 수 없다. 여기에서도 "회개하라"라는 예수의 엄중한 경고가 적용되지 않으면 안 된다.

물론 예수가 한 이 말의 문맥은 '생명보다 더 소중한 생명'

을 가리키고 있다. 그것은 아마 유한한 우리의 목숨보다 더 중요한, '영원한 그 무엇'일 것이다. 생명을 던져서라도 그것을 구하라는 메시지를 담고 있다. "필생즉사, 필사즉생"이라는 이순신의 말도 그 취지는 엇비슷하다. 그런 의미에서는 이순신도 예수의 제자에 해당한다. 하지만 언감생심, 그건 누구에게나 쉽게 가능한 일은 아니다. 아주아주 특별한 사람들만이 그 십자가를 질 것이다. 나는 평범한 일개 철학자로서 최소한의 윤리를 이 사악한 시대에 대해 호소하고 싶다. 제발 생명을 가벼이 여기지 말라고. 저 레비나스의 표현을 빌리자면 "제발 죽이지 말라"고. 그것만 해도 아마 예수는, 그리고 그의 아버지인 신은 기뻐할 것이라고, 그렇게 나는 믿어 마지않는다. "하나의 생명은 곧 하나의 세계다." "대체 불가능한 절대가치다." 내가 제시하고 싶은 철학적 명제다.

29. 누구든지 이 어린아이와 같이 자기를
낮추는 그이가 천국에서 큰 자니라

"누구든지 이 어린아이와 같이 자기를 낮추는 그이가 천국에
서 큰 자니라."(ὅστις οὖν ταπεινώσει ἑαυτὸν ὡς τὸ παι
δίον τοῦτο, οὗτός ἐστιν ὁ μείζων ἐν τῇ βασιλείᾳ τῶν
οὐρανῶν.)(마태 18:4)

예수가 어린아이를 긍정적으로 언급하는 것은 비교적 잘
알려져 있다. 나도 이 부분을 특별히 좋아한다. 물론 어린아
이 중에도 영악한 녀석이 없지 않아 모든 어린아이가 다 자
기를 낮춘다 할 수 없고, 또 '천국'이 어떤 곳인지도 명확하
지는 않다. 하지만 일단 '어린아이'가 겸손하고 순진하고 선
량한 이미지를 상징하고 있고, '천국'이 진정으로 좋은 곳을
상징한다고 생각하면, 굳이 이 말에 대해 시비를 걸 이유는
없다. 나는 여기서 '자기를 낮추는 그이'에 초점을 맞추어 생
각해본다.

이미 여러 차례, 여러 형태로 강조해왔지만, 나는 이 '자기 낮춤'이 이른바 윤리의 핵심이라고 파악한다. 왜냐하면 이것은 자기 아닌 다른 사람에 대한 존중을 전제로 하고 있고, 그렇지 않음이 인간관계에서 온갖 문제를 야기하는 원천이 되기 때문이다. (종교적으로는 아마 이것[즉, 신 앞에서 자기를 낮추지 않음]이 신에 대한 문제의 원천일 것이다. 이것은 저 실존주의자 키에게고 철학의 한 핵심이기도 했다.) 모든 사람이 이 '자기 낮춤'의 자세로 사람을 대하면 인간관계에서의 문제는 아마 거의 대부분 자동적으로 해소될 것이고 그렇게 된다면 거기에 바로 '천국'과 비슷한 그 어떤 상태가 실현될 것이라고 나는 믿어 마지않는다.

　　"진실로 너희에게 이르노니 너희가 돌이켜 어린아이들과 같이 되지 아니하면 결단코 천국에 들어가지 못하리라. […]
　　또 누구든지 내 이름으로 이런 어린아이 하나를 영접하면 곧 나를 영접함이니, 누구든지 나를 믿는 이 어린아이 중 하나를 실족케 하면 차라리 연자 맷돌을 그 목에 달리우고 깊은 바다에 빠뜨리우는 것이 나으리라. […]
　　삼가 이 어린아이 중에 하나도 업신여기지 말라. 너희에게 말하노니 저희 천사들이 하늘에서 하늘에 계신 내 아버지의 얼굴을 항상 뵈옵느니라."(마태 18:3, 5, 6, 10)

"어린아이들을 용납하고 내게 오는 것을 금하지 말라. 천국이 이런 자의 것이니라."(마태 19:14)

이어지는 이 발언들에서 예수는 바로 그러한 어린아이처럼 '되라'고 말하고 있고, 그런 존재를 '영접하라'고 말하고 있고, '실족케 하지 말라'고 말하고 있고, '업신여기지 말라'고 말하고 있다. 구체적인 행동 지침인 셈이다.

거듭 하는 말이지만, 우리는 왜 예수가 이런 말을 했는지 그 이면을 들여다보지 않으면 안 된다. 그렇지 못한 우리의 현실이 있기 때문이다. 우리는 많은 경우 어린아이처럼 되지 못하고 있고, 돌이키지 않고 있고, 어린아이처럼 선량한 사람을 영접하지 않고 있고, 심지어 실족케 하고 있고, 업신여기고 있기 때문이다. 그런 현실을 생각해보면 예수가 왜 이런 말을 했는지 우리는 너무나 자연스럽게 이해할 수 있게 된다.

혹자는 예수 그리스도씩이나 되는 분이 뭘 이런 사소한 것까지 언급하시느냐고 대수롭지 않게 여길지도 모른다. 그러나 천만의 말씀! 이런 문제는 절대 사소하거나 대수롭지 않은 게 아니다. 왜냐하면 '자기를 낮춤'이라는 이런 대자적-대타적 자세야말로 인간의, 인간 행위의 기본 중의 기본이기 때문이다.

요즘 세상 돌아가는 것을 보면 인간의 모든 기본들이 위태롭게 흔들리고 있는 것을 도처에서 목격한다. 어린아이 같은 순진함과 선량함은 바보 취급을 당하거나 손해 보기가 일쑤다. 실제로 사람들은 그런 이들을 실족케 하기도 한다. 그 문제들이 오죽 심각했으면 예수는 연자 맷돌, 깊은 바다 운운하는 살벌한 표현까지 동원해가며 경고를 했겠는가. 우리는 돌이켜 반성해야 한다. 어린아이 같은 순진함과 선량함을 회복해야 하고 그런 이들을 대접하고 업신여기지 말고 실족케 하지 말아야 한다. 교육과 세상이 그렇게 하지 못한다면 최소한 교회라도 그렇게 해야 한다. 왜냐고? 교회는 예수의 것이기 때문이다.

참고로 이 '낮춤'의 철학을 누구보다 강조했던, 내가 좋아하는 신비주의 철학자 에크하르트의 말을 소개한다.

"위로부터, 빛의 아버지로부터 받으려는 이는, 필히 올바른 겸손을 지니고 가장 낮은 아래에 있어야 한다. … 최대한 낮추지 않는 자는, 위로부터 받을 수도 없다. … 자신을 바라보거나 어떤 사물이나 다른 누군가에게 눈길을 돌리고 있다면, 그대는 아직도 가장 낮아진 것이 아니며, 그러므로 역시 받을 수가 없다. 만일 그대가 가장 낮아졌다면, 그대는 지속적으로 온전히 받게 될 것이다. … 주는 것은 신의 본성이다. 신의 본성은 우리가 낮은 곳에 있는 한 주게끔 되어 있다. 우리가 받지 못했다면, 우리가 아직 낮아지지 않았기 때문인 것이다. 그런데도 우리가 일삼는 행위란, 폭력을 행사하면서 신을 죽이는 일이다. 우리가 신을 직접 어떻게 할 수는 없으니, 이것은 우리 안에 계신 신을 죽이는 것이다."

30. 일흔 번씩 일곱 번이라도 [용서]할지니라

"그때에 베드로가 나아와 가로되, 주여 형제가 내게 죄를 범하면 몇 번이나 용서하여 주리이까. 일곱 번까지 하오리이까. 예수께서 가라사대, 네게 이르노니 일곱 번뿐 아니라 일흔 번씩 일곱 번이라도 할지니라."(Τότε προσελθὼν ὁ Πέτρος εἶπεν αὐτῷ, Κύριε, ποσάκις ἁμαρτήσει εἰς ἐμὲ ὁ ἀδελφός μου καὶ ἀφήσω αὐτῷ; ἕως ἑπτάκις; λέγει αὐτῷ ὁ Ἰησοῦς, Οὐ λέγω σοι ἕως ἑπτάκις ἀλλὰ ἕως ἑβδομηκοντάκις ἑπτά.)(마태 18:21-22)

"너희가 사람의 과실을 용서하면 너희 천부께서도 너희 과실을 용서하시려니와, 너희가 사람의 과실을 용서하지 아니하면 너희 아버지께서도 너희 과실을 용서하지 아니하시리라."(Ἐὰν γὰρ ἀφῆτε τοῖς ἀνθρώποις τὰ παραπτώματα αὐτῶν, ἀφήσει καὶ ὑμῖν ὁ πατὴρ ὑμῶν ὁ οὐράνιος: ἐὰν δὲ μὴ ἀφῆτε τοῖς ἀνθρώποις, οὐδὲ ὁ πατὴρ ὑμῶν ἀφήσει τὰ παραπτώματα ὑμῶν.)(마태 6:14-15)

언제부터인지 예수의 이 말이 내 가슴속 깊은 곳에 새겨져 있다. '일흔 번씩 일곱 번'이라는 말이 아마 몹시도 인상적이 었던 것 같다. 그런데 정작 이 말의 핵심인 '용서'라는 것이 얼마나 내게 체화되어 있는지, 그리고 우리 사회에서는 어떤 지, 생각해보면 마음이 좀 무거워진다.

신구약을 막론하고 성경에는 '용서'라는 말이 무수히 많이 (적어도 수십 번) 등장한다. 이게 기독교의 핵심 가치랄까 핵 심 메시지의 하나라는 해석이 그 숫자로 인해 가능해진다. 교 회 목사님들의 설교에 이 말이 자주 등장하는 것도 그 때문 이다.

'용서'란 애당초 무엇인가? 사전에 보면 "지은 죄나 잘못 한 일에 대하여 꾸짖거나 벌하지 아니하고 덮어줌"이라고 설 명되어 있다. '죄'나 '잘못'이라는 게 전제되어 있는 것이다. 상대방이 나에게 저지른 죄나 잘못이다. 이걸 꾸짖거나 벌하 지 아니하고 덮어준다고? 말이 그렇지, 이게 어디 쉬운 일인 가. "눈에는 눈, 이에는 이", 함무라비 법전의 이 원칙이 보통 사람들의 사고방식-행동방식이다. 아니, "되로 받고 말로 갚 는다"는 게 현실인지도 모른다. 한 대를 맞으면 백 대를 때려 주고 싶다. 실제로 사소한 잘못을 탓하며 형제가 서로 원수가 되기도 한다. 층간소음 때문에 칼부림을 하기도 하고, 심지어 자기를 무시했다고 토막 살인을 저지르기도 한다. 그런 뉴스는 검색해보면 질릴 정도로 많이 나온다.

그런데 예수는 '용서하라'고 가르친다. 한두 번도 아니고 일흔 번씩 일곱 번이라도 '용서하라'고 가르친다. 그래서 예수는 위대한 것이다. 보통 사람들이 한 번도 하기 힘든 것을 사실상 무한반복해서 하라는 말이나 다름없다. 그런데 실은 이게 예수 자신의 삶이기도 했다. 아니, 그의 죽음은 더욱 그러했다. 기독교의 교리에 따르면 십자가에 못 박힌 예수의 죽음, 그리고 그 흘린 피가 전 인류의 죄를 씻어주는 이른바 대속의 '보혈'로, 그 십자가와 더불어 구원의 상징인 것이다. 그 구원이라는 것이 곧 '죄 사함'이다. 모든 죄에 대한 사면이라는 말이다. 사면은 곧 용서. 나는 그쪽 전문가가 아니라 이런 교리의 정당성은 잘 모르겠지만, 종교적 상징으로서는 거의 완벽한 느낌이 있다. 거기엔 전 인류의 죄라는 전제와 그 죄에 대한 근본적인 용서라는 전제가 깔려 있다. 그것이 인간에 대한, 신과 그 신의 아들인 예수의 사랑이었다. 남을 위해, 더구나 나쁜 사람들을 위해 대신 죽어준다는 게, 이게 말이 되는 이야긴가! 그런데 예수는 그걸 하라고 가르쳤고 자신이 실제로 모범을 보인 것이다. 이게 어디 보통 일인가. 보통 사람이 할 수 있는 일인가. 그래서 나는 그가 '신의 아들'이라는 말을 감히 부인하지 못한다. 알 만큼 아는 철학자이기 때문에 더욱 그렇다. 위대한 사랑이 아니고서는 이런 용서와 사랑이 불가능하다. 그렇지 못한 우리의 현실을 보라!

나를 포함해 우리 보통 사람들은 아마 이런 위대한 용서, 무한 용서가 쉽지 않을 것이다. 그래서 나는 소박하게 '단 한 번이라도' 용서하기를 사람들에게 권해본다. '그것만 해도 어디야', 여러 번 반복하지만 이게 요즘 나의 가치관이자 소박한 철학이다. 한 사람이 한 번씩만 용서해도 77억 인간들의 것을 다 모으면 77억 번의 용서가 된다. 일흔 번씩 일곱 번과 그다지 다를 바 없다. 그러면 적어도 수억의 분쟁이나 폭력 사태는 말할 것도 없고 수억의 살인과 전쟁까지도 면할 수가 있을 것이다.

참고로 공자에게도 이런 용서의 철학이 있다. "나의 도는 하나로 꿰뚫고 있다"(吾道一以貫之)고 공자는 말했고 그의 제자인 증삼은 그게 "충서일 뿐이다"(忠恕而已矣)라고 풀이했다. 이 충서의 '서'(恕)가 바로 용서의 '서'이다. 공자의 이 말은 용서가 '같은(如) 마음(心)'임을 알려준다. 상대방과 같은 마음이 되어보는 것이다. 역지사지다. 그러면 이해의 여지가 생긴다. 그래서 용서가 가능해진다. 나는 이것을 '빙의'라는 말로 개념화해 내 철학적 방법론의 하나로 삼고 있다. 그 사람 속에 한번 들어가 그 사람이 되어보는 것이다.

지금 나한테 잘못을 저지른 사람이 있거든, 미워 죽을 것 같은 사람이 있거든, 한 번쯤 그의 입장에서 생각해보자. 어떤 불가피한 사정이 이해될지도 모른다. 거기서 용서라는 아름다운 꽃이 피어날 수도 있다. 그렇게 해서 당신의 분노를 삭인다면 당신은 이미 예수의 제자다. 그와 그의 아버지인 신이 그런 당신을 보고 기뻐할 것이다.

4.
요한과 함께

31. 양 일백 마리가 있는데 그중에 하나가 길을 잃었으면

"만일 어떤 사람이 양 일백 마리가 있는데 그중에 하나가 길을 잃었으면 그 아흔 아홉 마리를 산에 두고 가서 길 잃은 양을 찾지 않겠느냐."(Τί ὑμῖν δοκεῖ; ἐὰν γένηταί τινι ἀνθρώπῳ ἑκατὸν πρόβατα καὶ πλανηθῇ ἓν ἐξ αὐτῶν, οὐχὶ ἀφήσει τὰ ἐνενήκοντα ἐννέα ἐπὶ τὰ ὄρη καὶ πορευθεὶς ζητεῖ τὸ πλανώμενον.)(마태 18:12)

"너희 중에 어느 사람이 양 일백 마리가 있는데 그중에 하나를 잃으면 아흔 아홉 마리를 들에 두고 그 잃은 것을 찾도록 찾아다니지 아니하느냐. 또 찾은즉 즐거워 어깨에 메고 집에 와서 그 벗과 이웃을 불러 모으고 말하되, '나와 함께 즐기자. 나의 잃은 양을 찾았노라.' 하리라. […] 이와 같이 죄인 하나가 회개하면 하늘에서는 회개할 것 없는 의인 아흔 아홉을 인하여 기뻐하는 것보다 더하리라. 어느 여자가 열 드라크마가 있는데 하나를 잃으면 등불을 켜고 집을 쓸며 찾도록 부지런히 찾지 아니하 겠느냐. 또 찾은즉 벗과 이웃을 불러 모으고 말하되 '나와 함께 즐기자. 잃은 드라크마를 찾았노라.' 하리라. […] 이와 같이 죄 인 하나가 회개하면 하나님의 사자들 앞에 기쁨이 되느니라." (누가 15:4-10)

'길 잃은 양'의 이야기는 기독교를 모르는 사람들에게도 제법 유명하다. 이 이야기에 예수의 가치관 내지 생각의 방향 이 아주 잘 반영되어 있다. 그래서인지, 양떼에게 둘러싸인 목자의 이미지로 그려진 예수의 그림도 흔히 볼 수 있다. '목 사'라는 명칭도 아마 거기서 유래했을 것이다.

그런데 이 이야기에서는 양떼 자체보다 한 마리의 '길 잃 은 양'에 초점이 맞춰져 있다. 이 길 잃은 양을 다시 찾는 것 이 즐거움이요 기쁨이라는 가치관이다. 이게 예수의 가르침 즉 기독교의 사랑에 다름 아니다. 죄-회개-사랑-용서-구원이 라는 기독교의 기본 프레임이 여기에 다 압축돼 있다. 그 상 징적인 의미가 작지 않다. 왜냐하면 우리의 현실에서는 이런 길 잃은 양이 실제로 있고 더욱이 한두 마리가 아니기 때문 이다. 많다. 엄청 많다. 많아도 너무 많다. 그래서 예수의 이 런 철학이 의미를 갖는 것이다. 절실히 필요한 것이다. 예수 가 정말로 하나님의 아들이라면 그런 그가 인간의 모습으로 이 세상에 내려온 이유가 바로 이런 '되찾기'에 있었다고도 말할 수 있다.

원문에서는 '세리'와 '죄인'들이 예수의 말을 듣겠다고 가까이 다가오자 이를 못마땅하게 여긴 바리새인과 서기관들이 원망을 하였고 이에 예수가 이런 입장을 표명한 것이다. 누가복음에는 이 바로 뒤에 이른바 '돌아온 탕아' 이야기가 길게 이어져 있다. 그 이야기는 렘브란트의 그림 〈탕자의 귀향〉으로도 잘 알려져 있다. 거기서도 백 마리 양떼 중의 한 명인 맏아들은 불만이다. 돌아온 탕자인 둘째 아들 즉 자기 동생과 그를 기뻐하며 맞아들이고 잔치를 베푸는 아버지를 못마땅하게 여겨 집에 들어오기를 즐겨하지 않는다. 그림에는 그 각각의 표정들이 기가 막히게 잘 표현되어 있다.

현실을 냉철하게 한번 둘러보자. 무수한 양들이 지금도 길을 잃고 헤맨다. 무수한 드라크마(동전)들이 손에서 미끄러져 구르다가 시야에서 사라진다. 무수한 둘째 아들들이 집을 나가 부모의 재산을 탕진한다. 그게 인간의 여실한 모습이고 세상의 여실한 모습이다. 그들을 바라보는 시선은 곱지 않다. 도처에서 늑대들이 군침을 흘리고 있다. 때로는 실제로 늑대들에게 먹히기도 한다.

그런데 예수는 바로 그런 존재들에게 시선을 보낸다. 따뜻한 시선이다. 아니 발걸음이 그리로 향한다. 그게 용서와 사랑과 구원의 발걸음이다.

길 잃은 양인들 일부러 길을 잃고 싶어서 잃었겠는가. 어쩌다 보니 한눈을 팔았을 것이다. 그도 그것을 알았을 때 얼마나 무서웠겠는가. 무리가 보이지 않는다고 신나할 양은 없다. 무리를 벗어난 양, 손에서 떨어진 드라크마 동전, 집을 떠난 아들, 모두 다 '정상'이 아니다. 비정상은 정상으로 되돌아오려는 본질적인 경향을 그 자체 안에 지니고 있다. 그것은 물이 아래로 흐르고 풍선이 하늘로 올라가는 것과 다를 바 없다. 그런 경향의 구체화가 바로 회개다. 뉘우침이다. 후회다. 반성이다. 바로 그 지점에서 용서라는 예수의 가치가 빛을 발한다. 그것은 사랑의 한 구체적인 모습이다. 회개와 용서가 만나게 되는 지점, 바로 거기에 구원이라는 이정표가 서 있다.

비난과 처벌만이 능사는 아니다. 길 잃은 양들은 지금도 두려움과 외로움 속에서 떨고 있을 것이다. 목동이 찾으러 오기를 간절히 기다릴지도 모른다. 그 기다림 속에서 그들이 후회하고 뉘우치고 반성하도록 기도해주자. 그리고 그들이 돌아왔을 때, 꾸짖음과 혼냄보다는 기쁨과 즐거움으로 잔치를 벌이자. 저 돌아온 탕아의 아버지처럼. 그리고 저 세리와 죄인들을 영접하고 함께 음식을 먹었던 예수처럼.

32. 낙타가 바늘귀로 들어가는 것이 부자가 하나님의 나라에 들어가는 것보다 쉬우니라

예수가 비유를 즐겨 사용한다는 것은 웬만한 사람들에게는 상식인데, 이 비유는 그중에서도 특히 유명한 편이다. 부자와 하나님 나라의 관계, 즉 신국에 대한 돈의 무관성 내지 장애 됨을 알려주고 있다. 일종의 예수판 '자본론'인 셈이다. 그 문맥은 대략 이렇다.

"어떤 사람이 주께 와서 가로되 '선생님이여 내가 무슨 선한 일을 하여야 영생을 얻으리이까.' 예수께서 가라사대 [⋯] '네 가 생명에 들어가려면 계명들을 지키라.'

가로되 '어느 계명이오니이까.' 예수께서 가라사대 '살인하지 말라. 간음하지 말라. 도적질하지 말라. 거짓 증거하지 말라. 네 부모를 공경하라. 네 이웃을 네 몸과 같이 사랑하라.' 하신 것이 니라.

그 청년이 가로되 '이 모든 것을 내가 지키었사오니 아직도 무엇이 부족하나이까.' 예수께서 가라사대 '네가 온전하고자 할진대 가서 네 소유를 팔아 가난한 자들을 주라. 그리하면 하늘에서 보화가 네게 있으리라. 그리고 와서 나를 좇으라.' 하시니, 그 청년이 재물이 많으므로 이 말씀을 듣고 근심하며 가니라.

예수께서 제자들에게 이르시되 '내가 진실로 너희에게 이르노니 부자는 천국에 들어가기가 어려우니라. 다시 너희에게 말하노니 낙타가 바늘귀로 들어가는 것이 부자가 하나님의 나라에 들어가는 것보다 쉬우니라.'(πάλιν δὲ λέγω ὑμῖν, εὐκοπ ώτερόν ἐστιν κάμηλον διὰ τρυπήματος ραφίδος διελ θεῖν ἢ πλούσιον εἰσελθεῖν εἰς τὴν βασιλείαν τοῦ θ εοῦ.) 하신대."(마태 19:16-24)

어려운 단어는 하나도 없지만, 사실 이 말의 무게는 가볍지 않다. 저 부자 청년의 모습이 보여주듯이 그 내용을 선뜻 받아들이기가 쉽지 않기 때문이다. 모르긴 해도 아마 적지 않은 부자들이 예수의 이 말을 큰 부담으로 느끼고 있을 것이다. 요즘 같은 자본 만능의 시대에는 더욱 그렇다.

사실 저 청년처럼 모세의 계명을 지키는 것만 해도 그 훌륭함은 칭찬의 대상이 되고도 남는다. 예수라고 그걸 모르지는 않았을 것이다. 외람되지만 내가 만일 신국의 문지기라면 저 청년에게 기꺼이 그 문을 열어주고 싶어질 것이다. 기본적인 계명을 지키는 것조차도 쉽지 않은 일이기 때문이다. 그런데도 예수는 왜 이토록 엄격하고 부담스런 조건을 들이댔을까?

평범한 인간의 자유로운 철학적 해석이지만, 어쩌면 예수는 돈과 신의 무관함을 강조하고 싶었는지도 모른다. 돈으로 향하는 길과 신에게로 향하는 길은 애당초 다른 것이다. (돈을 가리키며 "가이사의 것은 가이사에게 하나님의 것은 하나님께 바치라"[마태 22:21]고 한 예수의 말도 그것을 알려준다.) 예수의 위의 말을 잘 뜯어서 읽어보면 우리는 돈이 '영생'과 무관함을 알게 된다. 그건 분명히 그렇다. 돈이란 게 현실의 삶에서 엄청나게 중요한 것이긴 하지만 그 어떤 부도 영원하지는 않다. 그건 아마 가질 만큼 가져본 사람들이 더 잘 알 것이다. 그래서 그들은 그걸 기부나 사회 환원이라는 말로 선뜻 내놓기도 한다. 전 재산 기부도 없지 않다. 큰 결단이 있었을 것이다. 그런 건 어쩌면 저 불교가 보여주는 '출가'와 비슷한 것인지도 모른다. 석가모니만 하더라도 인간들에게 가장 소중한 모든 것을 버리고 진리를 찾아 나섰다. 왕자의 지위, 자애로운 부모, 어여쁜 아내, 귀여운 자식, 그리고 당연히 많았을 돈도 다 버리고 떠났던 것이다. 무수한 출가승들이 그런 석가모니의 뒤를 이었다. 그런 걸 곁대어 생각해보면 예수가 저 청년에게 가진 것을 다 포기하고 자신을 따르라고 한 것은 어쩌면 당연한 것이었는지도 모른다. 성과 속이 공존할 수는 없는 것이다. 예수를 '따른다'는 것은 그런 것이다. 실제로 기독교의 역사에서도 그런 출가 수도자들의 행렬은 저 불교에 못지않다. 유명한 아우구스티누스도 그중 하나고 프란치스코도 도미니쿠스도 베네딕투스도 그중 하나다. 영원을 지향하는 그런 세계가 따로 있는 것이다. 저들은 낙타가 바늘귀로 들어가기보다 더 어려운 그 일을 감행한 셈이다. 참으로 대단한 일이 아닐 수 없다.

그러나 때로는 이런 예수의 이름을 팔아 예수가 이토록 경계한 돈을 챙기는 사례들도 없지 않다. 저 중세 말의 이른바 면죄부 판매가 대표적이다. 설교 때마다 헌금만 강조하는 일부 교회들도 예수는 결코 장하다 하지 않을 것이다. 다시금 곱씹어 들어야 할 발언이 아닐 수 없다. "낙타가 바늘귀로 들어가는 것이 부자가 하나님의 나라에 들어가는 것보다 쉬우니라." 천국의 문은 돈으로는 열지 못한다.

단, 저 부자 청년처럼 근심만 하고 돌아갈 필요는 없다. 우리는 예수의 발언을 주의 깊게 읽어봐야 한다. "네 소유를 팔아 가난한 자들을 주라. 그리하면 하늘에서 보화가 네게 있으리라"라고 예수는 덧붙여 말했다. '나누어 주는 돈'은 천국에서의 보화에 대해 교환가치가 있다는 말이다. 선량한 부자들에게도 숨통이 트이는 말이다. 그러니 우선 열심히 벌자. 그리하여 그것을 없는 이들에게 나누어 주자. 그러면 낙타도 바늘구멍으로 유유히 들어갈 수가 있을 것이다.

33. 가이사의 것은 가이사에게
하나님의 것은 하나님께 바치라

"가이사의 것은 가이사에게 하나님의 것은 하나님께 바치라."(λέγουσιν αὐτῷ, Καίσαρος. τότε λέγει αὐτοῖς, Ἀπόδοτε οὖν τὰ Καίσαρος Καίσαρι καὶ τὰ τοῦ θεοῦ τῷ θεῷ.)(마태 22:21, 마가 12:17)

예수의 이 말은 시중에 비교적 흔하게 회자된다. 더러는 이것이 교회 헌금을 독려하는 설교의 아이템으로 아주 적절히 활용되기도 한다. 무리도 아니다. 이 말이 등장하는 맥락을 보면 '돈'이 관련돼 있기 때문이다. 예수에게 악의를 품은 대제사장과 율법사들이 바리새파 사람들과 헤롯 당원 몇 사람을 예수에게 보내 '로마 황제에게 세금을 바치는 것이 가한지 불가한지' 묻게 하는데, 이 질문에 대해 예수가 이렇게 답한 것이다. 로마 황제의 초상과 글귀가 새겨진 데나리온 동전을 가리키면서. 가이사는 물론 카이사르(Gaius Julius

Caesar), 영어로 시저, 즉 로마 황제를 가리킨다. 독일어 카이저, 러시아어 짜르의 어원이기도 하다.

그런데 이게 과연 교회 헌금을 독려하는 말일까? 문맥에 대한 설명이 따로 없으므로 해석은 물론 열려 있다. 듣는 이의 자유다. 바로 그래서 나는 이 말을 이렇게 해석해본다. 예수에게는 두 개의 세계, 두 개의 가치가 따로 있다고. 그것을 구별하고 그중 하나를 선택하라는 말이라고. 그러니까 이 말에는 저 가장 기독교적인 철학자 키에게고가 말한 "이것이냐 저것이냐"(enten eller)라는 실존적 요구가, 그 육중한 무게가 실려 있는 것이다. '가이사의 것' 이것이냐, 혹은 '하나님의 것' 저것이냐.

여기에 '…말라'는 말은 없다. 그러니 경제생활 및 정치적 행위에 대한 전면 부정은 아닌 것이다. 어쩌면 이런 점에 대해 일부 혁명적 사고의 제자들은 불만이 있었는지도 모른다. 그러나 예수는 그런 혁명적 투사는 아니었다. 예수는 그 현실적 상황을 잘 알고 있다. 그래서 때로는 피신도 했다. 그러나 그는 우리 식으로 말하자면 독립운동가는 아니었다. 그는 어디까지나 랍비였다. '하나님의 것'을 추구하는 랍비였다. 그는 '그쪽'을 향하는 길이었고, 그쪽을 알려주는 진리였고, 그쪽에서 살아가는-살게 하는 생명이었다. 혹은 그쪽을 비춰주는 빛이었다.

보통 사람들이 흔히 생각하는 것과는 '다른 길'을 그의 손가락은, 예수라는 이정표는, 내비게이션은 가리키고 있는 것이다. 하나님의 나라, 천국, 그곳으로 향하는 길이다. 그 길을 걸으며 '하나님의 것'을 그곳에 바치라는 말이다. 그렇다면 그 '하나님의 것'은 도대체 뭘 말하는 걸까?

하나님의 말씀, 하나님의 계명, 하나님의 뜻, 하나님의 복음, 성경에 보면 이런 말들이 무수히 등장한다. 바로 그것이 '하나님의 것'에 다름 아니다. 거기에 사랑이 있다. 하나님에 대한 사랑, 이웃에 대한 사랑, 원수에 대한 사랑이 있다. 거기에 회개가 있다. 죄에 대한 회개가 있다. 거기에 용서가 있다. 일흔 번씩 일곱 번이라도 하는 그런 용서가 있다. 거기에 허심이 있고 온유가 있고 긍휼이 있고 화평이 있다. 이 모든 것을 우리는 '선'이라 부르기도 한다. 진정한 '좋음'이다.

하나님의 것을 하나님께 바치라는 것은 바로 그런 선을 우리가 스스로 행함으로써 그 영광을 하나님께 바치라는 말에 다름 아니다. 그렇게 해서 "하나님 보시기에 좋았더라"라고 하는 저 숭고하고 위대하고 거룩한 창조의 원리에 작게나마 부응하라는 말이다. 기독교적으로 보면 모든 인간의 존재이유도 거기에 있다. '하나님 보시기에 좋은 그런 삶'을 살기위해 존재하는 것이다. 오직 돈만을 바라보고 아등바등하는 그런 삶이 과연 하나님 보시기에 좋은 삶일까? 온갖 욕심을 품고 그것을 이루려고 수단방법 가리지 않는, 그래서 남을 짓밟기도 하는 그런 삶이 과연 하나님 보시기에 좋은 삶일까?

답은 자명하다. 예수가 남긴 저 언어들 중 어느 단어 하나만 제대로 실천해도 하나님께 바치는 세금으로서는 충분하고도 남음이 있을 거라고 나는 확신해 마지않는다. 천국에 바치는 세금은 결코 비싸지가 않다. 사실 그 천국 세무서에는 납부를 닦달하는 담당 직원도 없다. 모든 것이 자진 납세다. 하나님의 것, 나의 계좌에는 그것이 과연 얼마나 입금되어 있는지, 모두들 각자 가끔씩은 그 잔고를 한번 확인해봐야겠다.

34. 누구든지 자기를 높이는 자는 낮아지고
누구든지 자기를 낮추는 자는 높아지리라

"누구든지 자기를 높이는 자는 낮아지고 누구든지 자기를 낮추는 자는 높아지리라."(ὅστις δὲ ὑψώσει ἑαυτὸν ταπεινω θήσεται, καὶ ὅστις ταπεινώσει ἑαυτὸν ὑψωθήσεται.) (마태 23:12)

'자기 낮춤'을 강조하는 예수의 이 철학은 나도 이미 여러 차례 다른 형태로 언급했다. 그런데 마태복음의 이 말은 그 표현이 직접적이라 다시 한 번 꼭 사람들에게 소개를 하고 싶다. 삶의 근간에 속하는 인간관계에서 이 철학은 아무리 강조해도 지나침이 없다고 나는 생각한다. 왜냐하면 인간관계에서 발생하는 문제의 대부분이 바로 이 '자기를 높임'과 '타인을 낮춤'에서 비롯되기 때문이다.

그런데 예수의 이 말은 실은 어떤 특별한 문맥에서 나온 말임을 우리는 주목할 필요가 있다. 이 말은 군중들과 제자들에게 한 말인데, 그 앞에는 예수를 시험하고자 하는 율법사들과 바리새파 사람들의 간교가 있고 그 뒤에는 이들에 대한 예수의 질타가 있다. 그 가운데에 바로 이 말이 끼어 있다. 그들에게 결여된 핵심가치의 지적인 셈이다. 이들을 향한 예수의 질타는 살벌하기까지 하다.

그는 저들에 대해 "화 있을진저", "뱀들아 독사의 새끼들아" 같은 표현까지 동원한다. 젊은 예수의 생생한 분노를 느낄 수가 있다. 예수가 이토록 화를 내는 이유는 무엇일까? 명백하다. 그 자신이 직접 설명까지 해준다. "저희는 말만 하고 행치 아니하며, 또 무거운 짐을 묶어 사람의 어깨에 지우되 자기는 이것을 한 손가락으로도 움직이려 하지 아니하며, 저희 모든 행위를 사람에게 보이고자 하여 하나니"라는 것이다. 즉, 언행괴리다. 겉치레다. 더 구체적으로는, "곧 그 차는 경문을 넓게 하며 옷술을 크게 하고, 잔치의 상석과 회당의 상좌와, 시장에서 문안 받는 것과 사람에게 랍비라 칭함을 받는 것을 좋아하느니라"(마태 23:3-7)라는 것이다. 즉, 높임을 받으려 하는 것이다. 그래서 예수는 제자들에게 "너희는 랍비라 칭함을 받지 말라. 너희 선생은 하나이요 너희는 다 형제니라"라고 높게 대접받으려 함을 경계한다. 그 말을 이어 위의 저 유명한 말이 등장하는 것이다. 우리는 예수의 이 말이 빈말이 아님을, 예수 자신의 자기 위치 설정을 통해 확인할 수 있다. 그 자신이 섬김과 희생을 삶과 죽음을 통해 실천하는 것이다.

"예수께서 제자들을 불러다가 가라사대 '[…] 너희 중에 누구
든지 크고자 하는 자는 너희를 섬기는 자가 되고, 너희 중에 누
구든지 으뜸이 되고자 하는 자는 너희 종이 되어야 하리라. 인
자가 온 것은 섬김을 받으려 함이 아니라 도리어 섬기려 하고
자기 목숨을 많은 사람의 대속물로 주려 함이니라.' "(마태 20:
25-28)

이게 바로 그 증거다. "섬김을 받으려 함이 아니라 도리어
섬기려 하고…" 이런 태도를 어찌 숭고하다 하지 않을 수 있
겠는가. 그 절정이 바로 십자가였다. 이런 모범이 어디 쉽겠
는가. [그가 '신의 아들'임을 가정할 때] 가장 높은 자가 자기
를 가장 낮추는 것이다.

그런데 현실은 어떤가. 어디 그 당시의 율법사나 바리새인
들뿐이겠는가. 오늘날도 말만 그럴듯하게 앞세우고 자신은
그 말의 모든 실천에서 스스로 면제받는 이들이 도처에 넘쳐
난다. 그러면서 온갖 대접은 다 받고자 한다. 심지어 사람들
을 잘못된 길로 오도하기도 한다. 예수가 이를 목격한다면 아
마 그 분개의 강도와 횟수도 당시보다 더 강하고 더 많아질
것이다.

겉 다르고 속 다른 것을, 그리고 겉만 꾸미는 것을 (이른바

'외화내빈'을) 예수는 이토록이나 싫어했다. "너는 먼저 안을 깨끗이 하라. 그리하면 겉도 깨끗하리라."(마태 23:26) 그리고 이렇게 그 해법까지도 제시했다. 이런 방향은 아마 '교언영색'(巧言令色)을 경계해 마지않은 공자도 크게 기뻐할 것이다. 내면의 정화가 외면에도 자연스럽게 반영된다는 것은 진리가 아닐 수 없다.

"그대~ 앞에만 서~면, 나~는 왜 작아지는가~"라는 유명한 대중가요의 가사가 있다. 나는 이 가사를 좋아한다. 나는 개인적으로, 겸손하면서도 내실 있는 사람들을 보면 그 사람 앞에서 한없이 작아진다. 예수 앞에서 그런 것은 말할 것도 없다. 한평생 소위 '선생'을 직업으로 삼고 있지만, 선생이란 이 말은 한평생 두렵고 송구한, 그리고 무겁고 벅찬 말이 아닐 수 없다. "너희는 랍비라 칭함을 받지 말라. 너희 선생은 하나이요 너희는 다 형제니라." 예수의 이 말을 다시 한번 옷깃을 여미고 되새겨본다.

35. 네 이웃을 네 몸과 같이 사랑하라

'기독교' 혹은 '예수'의 가르침이라는 말을 들었을 때, 사람들이 가장 먼저 떠올리는 것은 무엇일까? 사람에 따라 조금씩 다를 수는 있겠으나 가장 대표적인 것은 아마도 '사랑'일 것이다. 기독교는 사랑의 종교다.

"예수께서 가라사대 '네 마음을 다하고 목숨을 다하고 뜻을 다하여 주 너의 하나님을 사랑하라.' 하셨으니, 이것이 크고 첫째 되는 계명이요, 둘째는 그와 같으니 '네 이웃을 네 몸과 같이 사랑하라.' 하셨으니, 이 두 계명이 온 율법과 선지자의 강령이니라."(ὁ δὲ ἔφη αὐτῷ, Ἀγαπήσεις κύριον τὸν θεόν σου ἐν ὅλῃ τῇ καρδίᾳ σου καὶ ἐν ὅλῃ τῇ ψυχῇ σου καὶ ἐν ὅλῃ τῇ διανοίᾳ σου· αὕτη ἐστὶν ἡ μεγάλη καὶ πρώτη ἐντολή. δευτέρα δὲ ὁμοία αὐτῇ, Ἀγαπήσεις τὸν πλησίον σου ὡς σεαυτόν. ἐν ταύταις ταῖς δυσὶν ἐντ ολαῖς ὅλος ὁ νόμος κρέμαται καὶ οἱ προφῆται.)(마태 22:37-40, 마가 12:30-31)

　너무나도 유명한 이 말은 실은 예수에게 트집을 잡고자 하는 대제사장과 바리새인의 악의적 질문에 대한 대답으로 나온 말이었다. 그래서 오히려 핵심 중의 핵심을 찍고 있다. 이 말을 철학적으로 좀 음미해보기로 하자.

　"… 하나님을 사랑하라"라는 이 첫째 계명은 사실 기독교에서는 지상의 명제이겠으나, 비기독교인들의 입장에서는 그 이해가 간단치 않다. '하나님'이 어떤 존재인지가 우선 분명치 않고 그분을 사랑한다는 것이 어떤 것인지도 감이 잘 잡히지 않는다. 이것은 신학적으로도 철학적으로도 엄청나게 거대한 주제에 속한다. 나는 철학의 전체 역사를 나름 열심히 공부해본 자로서 이에 대해 할 말이 적지 않게 있으나, 너무나 큰 주제이므로 일단, 그 하나님의 능력, 즉 창조의 결과로 해석되는 우주, 자연, 인간, 사물, 법칙 등 일체존재에 대해 진심으로 경외하는 것과, 특히 [그분의 좋으심을 위해] 우리 안에 심어진 가치 관념을 진심으로 따르는 것이 그 사랑의 기본임을 말하는 정도로 넘어가기로 한다.

　그러나 "네 이웃을 네 몸과 같이 사랑하라"는 둘째 계명은 상대적으로 좀 구체적이다. 나는 이 말을 '위대한 명제'로 인식하고 있다. 물론 사랑이라는 것 자체도 아가페니 필리아니

스토르게니 에로스니 하는 구별을 차치하고서라도 하나의 학문분야나 강좌가 따로 있을 만큼 광대한 주제이지만, 나는 그 핵심에 '따스함' 내지 '부드러움' 그리고 '소중히 여김', '주고 싶음'이 있는 인간적 감정 내지 태도가 사랑이라고 해석한다. 그런 것을 우리는 부모 자식 관계, 부부 관계, 연인 관계 등에서 확인한다. 그러니까 차갑고 거칠고 인색한 관계라면 그건 사랑이 아닌 것이다. 그런데 예수의 사랑은 그런 당연한 관계를 넘어 '이웃'으로까지 그 범위를 확장한다. 그리고 심지어 '네 원수'까지도 사랑하라고 가르친다. 거기에 예수의 위대함이 있다. 그런데 보통은 특별히 강조되는 일이 좀 드물지만, 그 사랑의 기준에 '네 몸과 같이'라는 것이 있다. 나는 수도 없이 강조해 왔지만, 이 기준이 참으로 절묘하다. 주목할 필요가 있다. '나의 좋음'이 남에 대한, 이웃에 대한 태도 내지 행위의 표준이 된다는, 되어야 한다는 말이다. 내가 좋은 것을 남에게도 (해)주고, 내가 싫은 것은 남에게도 (해)주지 않는다는, (해)주지 말아야 한다는 말이다. 이 후자를 말한 것이 공자의 저 유명한 말, '기소불욕 물시어인'(己所不欲 勿施於人)이기도 하다.

말이 그렇지 이게 어디 쉬운 일인가. 보통의 경우라면 좋은 것은 나만 혹은 '우리'만 가지려고 한다. 그게 세상과 세상 사람들의 여실한 모습이다. 실은 그런 태도에서 세상의 온갖 문제들이 야기된다. 서로가 좋은 것을 차지하려고 난리인

게 현실이지 않은가. 거기서 온갖 범죄들이 발생하기도 한다. 그러니 상상해보라. 그 반대인 사랑을 실천하면, 적어도 그런 관계, 그런 공간에서는 수많은 문제들이 자동 해결될 뿐 아니라, 그 대상이 되는 '이웃'들은 나름의 만족 내지 행복을 느낄 수가 있다. 그것이 '이웃'을 넘어 정말로 '원수'까지도 확장된다면, 그야말로 천국이 따로 없다. ("또 네 이웃을 사랑하고 네 원수를 미워하라 하였다는 것을 너희가 들었으나 나는 너희에게 이르노니 너희 원수를 사랑하며 너희를 핍박하는 자를 위하여 기도하라."[마태 5:43-44]) 말도 안 되는 무리라고 생각할 수도 있지만, 현실을 보면 이런 예수적 사랑, 기독교적 사랑을 실천하는 이들도 적지 않게 있다.

말도 많고 탈도 많은 요즘의 기독교이기도 하지만, 묵묵히 사랑을 실천하는 그런 이들을 보면 예수의 말, 예수의 철학이 세상의 한편에서 꾸준히 외쳐져야 할 필요 내지 당위를 느끼게 된다. 만일 그런 말 퍼트리기도 기독교에서 말하는 '선교'의 일부라면 나는 기꺼이 그 선교사의 한 사람이 될 용의가 있다.

"네 이웃을 네 몸과 같이 사랑하라." 아니, 네 몸의 반만큼이라도 사랑하라. 아니, 반의반. 아니아니, 무시하지만 말고 미워하지만 말라. 해코지만 하지 말라. 요즘 시대에는 그것도 사랑의 범위에 들어간다고 나는 재해석을 하고 싶다.

세상에 넘쳐나는 경시와 함부로와 증오와 그런 마음들로

인한 끔찍한 범죄들을 보면 예수도 어쩌면 이런 느슨한 적용을 봐줄지도 모르겠다. 그런 풍경을 배경으로 예수가 떠나기 전 제자들에게 남긴 말을 다시 한 번 되뇌어본다.

"새 계명을 너희에게 주노니 서로 사랑하라. 내가 너희를 사랑한 것같이 너희도 서로 사랑하라."(ἐντολὴν καινὴν δίδωμι ὑμῖν, ἵνα ἀγαπᾶτε ἀλλήλους: καθὼς ἠγάπησα ὑμᾶς ἵνα καὶ ὑμεῖς ἀγαπᾶτε ἀλλήλους.)(요한 13:34)

36. 선을 행하는 것과 악을 행하는 것 …
어느 것이 옳으냐

"… 선을 행하는 것과 악을 행하는 것, 생명을 구하는 것과 죽이는 것, 어느 것이 옳으냐."(καὶ λέγει αὐτοῖς, Ἔξεστιν τοῖς σάββασιν ἀγαθὸν ποιῆσαι ἢ κακοποιῆσαι, ψυχὴν σῶσαι ἢ ἀποκτεῖναι; οἱ δὲ ἐσιώπων.)(마가 3:4, 참고 누가 6:9)

성서를 철학적인 관점에서 읽다가 보면 한 가지 특징적인 점이 눈에 들어온다. 선악에 대한 언급이 있고 그 판단이 아주 선명하다는 것이다. 그런 점에서도 나는 예수를 좋아하고 존경한다.

여기 인용한 이 말도 그것을 보여준다. 여기서는 "생명을 구하는 것과 죽이는 것"이 예로 제시된다. "어느 것이 옳으냐"라고 예수는 묻고 있는데 그 대답은 명약관화하다. 죽이는 것이 아니라 생명을 구하는 것이 옳은 것이다. 병자를 외면하는 것이 아니라 고쳐주는 것이 옳은 것이다. 이런 점에서 예수는 이른바 성선설, 이른바 사단칠정론의 사단(측은지심[인仁지단], 수오지심[의義지단], 겸양지심[예禮지단], 시비지심[지智지단])을 이야기한 맹자와도 통한다.

물론 현실에서는 이게 그렇게 간단치가 않다. 온갖 조건 내지 상황들이 있어서 그게 선악의 판단 기준을 헷갈리게 만들기 때문이다. 인용한 이 부분도 실은 마찬가지다. '안식일에'라는 조건이 여기에 붙어 있다. 그래서 예수의 이 선행을 오히려 나쁜 것으로 몰아간다. 이 말이 등장하는 문맥을 보면, '사람들'(바리새파 사람들)이 예수의 트집을 잡으려고 지켜보는 가운데 그것을 꿰뚫어 알고 있으면서도 예수가 선행을 굳이 감행한 것임을 알 수가 있다. 안식, 즉 다른 뭔가를 행하지 않음("안식일에 하지 못할 일")이 당시 그곳의 종교적 철칙이었음에도 예수는 그것을 스스로 어기고 선행을 택한 것이다. 선행이 다른 모든 것에 우선한다는 예수의 기준을 우리는 여기서 명확히 읽을 수가 있다.

예수가 이 발언을 했다는 것은 그가 우리에게도 이런 기준을 요구한다는 의미가 있다. 중요한 내용[=선행]은 형식을 초월해야 한다는 것이다. 마치 "임금님은 벌거숭이"라고 한 저 순수한 아이들의 아무런 가식 없는 무조건적 직관이 선악에서는 가능하고 또 필요하다는 말이다. '구하느냐 죽이느냐' 같은 문제는 더더욱 그렇다. 맹자도, 우물로 기어가는 아기를 보면 악인일지라도 그걸 그냥 보고만 있지는 않고 구하게 된다는 예로 그런 선한 마음(측은지심)의 선천적 존재를 알려준다. 그렇듯 선악의 판단 기준은 선명한 것이다.

그런데 왜 이런 판단과 행동이 '사람들'에게는 시빗거리가 되고 꼬투리가 되고 심지어 고발거리가 되는 것일까? 예수는 그것을 '저들의 마음의 완악함(고집스러움)'이라고 생각하며 그것을 '노하심'(노여운 얼굴) 및 '슬퍼함'으로 둘러본다. '저들'은 제도화된 '안식일'이라는 형식(혹은 형식적 가치)에 고집하여 정작 그 안식일의 주인이 원하는 참된 가치는 안중에 두지 않는 것이다. 요컨대 내용보다 형식을 더 중히 여기기 때문이다.

우리는 과연 어떤가? 우리는 예수가 노여운 얼굴로 둘러보았던 그 '저들'과 얼마나 다른 것일까? 마땅히 행해야 할 '선행'이 있음에도, '구하는 일', '고치는 일'이 있음에도, 이런저런 핑계로, 이런저런 구실로, 혹은 다른 이해관계 때문에, 혹은 당리당략 때문에, 체면 때문에, 거기서 눈을 돌리고 마는 일은 없는 것일까?

나는 예수를 좋아하고 존경하는 한 사람의 철학자로서, 우리의 이 시대를 걱정스런 눈빛으로 둘러본다. 내게 느껴지는 이 시대는 '선악'에 대한 관심 자체가 이미 어디론가 증발해버린 것 같다. 실종 상태다. 행방불명이다. 혹은 경이원지? 아니, 천덕꾸러기 신세다. 선악에 대한 관심과 판단과 행위가 있어야 할 자리에 '손익'에 대한 관심과 판단과 행위가 대신 들어앉아 거만한 모습으로 만사를 지휘하고 있다. 거의 절대 권력자의 모습이다. 기업이야 이윤추구가 본질이니 당연히 그렇다 쳐도, 정부도 그렇고 심지어 대학도 그렇고, 더군다나 일부 교회와 사찰까지도 그런 모습을 보여준다. 예수가 본다면 채찍을 휘두를 일이다.

그러나 나는 걱정만 하지는 않는다. 주변을 둘러보면 묵묵히 선을 행하는 저 예수의 '그림자'들이 적지 않게 목격되기 때문이다. 그들이 이 삭막한 사막 같은 세상 여기저기에서 촉촉한 오아시스를 이루고 있고, 이 혼탁한 대기 속에 맑고 신선한 산소를 뿜어내는 초록빛 나뭇잎사귀가 되어 매일매일 열심히 광합성을 하고 있기 때문이다. 말이야 쉽지만, 실제로 그 선행을 하는 것은 말처럼 그렇게 쉽지만은 않다. 그래서 인정과 칭찬과 격려도 필요하다. 후원이 있으면 더욱 좋다. 나는 종교적인 부분은 잘 모르지만, 그런 이들에게 예수와 여호와의 축복이 내리면 정말 좋겠다고, 진심으로 기대하며 기도한다.

37. 서로 싸워 갈라지면 망하는 법이다

"또 만일 나라가 스스로 분쟁하면 그 나라가 설 수 없고, 만일 집이 스스로 분쟁하면 그 집이 설 수 없고, 만일 사탄이 자기를 거슬러 일어나 분쟁하면 설 수 없고 이에 망하느니라." (Καὶ ἔλεγεν αὐτοῖς, Βλέπετε τί ἀκούετε. ἐν ᾧ μέτρῳ μετρεῖτε μετρηθήσεται ὑμῖν καὶ προστεθήσεται ὑμῖν. ὃς γὰρ ἔχει, δοθήσεται αὐτῷ· καὶ ὃς οὐκ ἔχει, καὶ ὃ ἔχει ἀρθήσεται ἀπ' αὐτοῦ. Καὶ ἔλεγεν, Οὕτως ἐστὶν ἡ βασιλεία τοῦ θεοῦ ὡς ἄνθρωπος βάλῃ τὸν σπόρον ἐπὶ τῆς γῆς.)(마가 4:24-26)

판본에 따라 번역은 조금씩 다르지만, 마가복음에 보면 '서로 싸워 갈라짐'(=스스로 분쟁함)을 경계하는 예수의 발언이 보인다. 나는 이 발언의 존재를 크게 기뻐하는 편이다. 그 취지를 지지해 마지않기 때문이다. 그리고 그 배경에 놓인 우리 사회의 분열과 분쟁을 개탄해 마지않기 때문이다. 나는 인간들의 이런 경향을 '가르기즘-맞서기즘'이라고 표현한 적도 있다. 그러나 같은 취지라도 예수의 입에서 나온 말이라면 그 의미가 특별하다. 그는 2천 년 넘게 전 세계적으로 엄청난 영향력을 가진 존재이기 때문이다. 종교적으로는 '신의 아들'이기 때문이다.

그의 권위를 빌려 다시 한 번 이 문제를 건드려본다. 철학자 하이데거의 지적대로 인간은 애당초 본질적으로 다른 사람들과 더불어 함께 살아가도록 되어 있는 '공동존재'(Mit-sein)다. 같은 하나의 '우리'(pen) 안에서 살아가는 '우리'(we)인 것이다. 우리의 결정적인 삶의 터전인 가정, 학교, 직장, 국가, 세계 등이 모두 그것을 기반으로 성립된다. 그 속에서 우리는 가족으로, 학생으로, 친구로, 동료로, 국민으로 … 우리의 삶을 살아가고 있는 것이다. 그렇기에 다른 사람들과의 평화롭고 조화로운 관계가 그 삶의 질에 결정적으로 중요한 의미를 갖게 된다. 여기서 예수가 나라와 집의 '설 수 있음-없음'을 언급하는 것은 '서로 싸워 갈라짐'(=스스로 분쟁함)이 그 '성립'의 결정적인 변수가 됨을 깨우쳐주는 것이다.

분열-대립-다툼이 좋지 않고 결국은 그 관계를 망가뜨리고 만다는 것은(=그 관계의 성립을 불가능하게 만든다는 것은) 사실 자명한 진리에 속한다. 그런데도 사람들은 서로 싸워 갈라진다. 엄연한 현실이다. 나라도 그렇고 집도 그렇다. 문제를 바라보는 예수의 시선은 정말 경이로울 정도로 날카롭고 정확하다. 한국사회를 보면 더더욱 이 말이 가슴에 와 닿는다. 내가 여기저기서 무수히 거듭 말해온 대로, 그 '갈라져 싸움'은 동서, 남북, 상하, 좌우, 전후, 원근, 심지어 남녀, 노소에까지 전방위적으로 목격되고 있다. 지역 대립, 동족 대립, 계급 대립, 이념 대립, 세대 대립, 경향(京鄕) 대립, 젠더 대립 ··· 한숨이 절로 나온다. '망한다'라고 하는 예수의 경고는 결코 빈말이 아니다. 우리는 실제로 그렇게 망해본 경험이 있지 않은가. 임진년에도 경술년에도 조선이 그렇게 갈라져 싸우다가 망했던 것이다. 남인과 북인, 노론과 소론, 대원군과 명성황후, 그들의 '갈라져 싸움'이 없었다면 그 결과가 어땠을까···. 나라뿐만이 아니다. 집도 마찬가지다. 세계 최고 수준의 이혼율을 자랑하는(?) 우리 사회는 주변 어디에서나 그 가정의 '망함'을 쉽게 목격할 수 있다. 그 불행의 크기와 깊이가 그 얼마던가···.

우리에게 너무나 익숙한 저 '가화만사성'(家和萬事成)이라는 말도 실은 그 취지가 예수의 이 말과 다르지 않다. 다만 그 표현이 뒤집혀 있을 뿐이다. '집-화목-성립', 그 단어가 일치하지 않는가. "서로 싸워 갈라지면 망하는 법이다"라는 예수의 이 말을 곱씹어보면 그것이 '서로 싸워 갈라지지 말라'는 말임을 곧바로 이해할 수 있다. 거기에 화목이 있고 조화가 있고 이해가 있고 배려가 있고 용서가 있고 그리고 화평이 있음을 우리는 알아야 한다. 예수의 말들은 단편이 아니다. 그냥 좋은 말들의 나열이 아니다. 그 밑바닥에서 서로 다 통하고 있다. 연결되어 있다. 나는 그 모든 것이 다 '좋다'는 것을 향하고 있다고 믿는다. 그리고 그 모든 것이 다 저 창세기의 증언 "하나님 보시기에 좋았더라"라는 것으로 연결된 것이라고 믿는다. 존재하는 일체 만유가 다 하나님의 좋으심을 위해 존재하는 것이다. '서로 싸워 갈라짐'은 그 존재의 대원리에 반하는 것이다. 하나님 보시기에 '좋지 않은' 것이다. 바로 그래서다. 우리는 서로 싸워 갈라지지 말아야 한다.

진리는 언제나 단순명쾌하다. 예수의 경우는 더욱 그렇다. 서로 싸워 갈라짐은 '좋지 않은' 것이고, 서로 싸우지 않고 갈라지지 않음은 '좋은' 것이다. "싸움은 만물의 아버지고 만물의 왕이다"(Πόλεμος πάντων μὲν πατὴρ ἐστι, πάντων δὲ βασιλεύς)라고 헤라클레이토스는 말했지만, 그것도 그러한 현실의 지적일 뿐 싸움의 당위나 권장은 결코 아니다. 만유에는 원심력과 구심력이 함께 있다. 인간관계에 있어서는 서로 밀치는 원심력이 아니라 서로 당기는 구심력이 선이다. 싸워 갈라짐이 원심력이고 이해-용서-화해-배려가 구심력이다. 복잡하게 생각하지 말자. 그게 진리다. 예수의 이 철학, "서로 싸워 갈라지면 망하는 법이다"라는 이 철학을 남북의 지도자들이, 좌파-우파의 지도자들이 제발 좀 귀 기울여 들어 줬으면 좋겠다. 아니 동서남북, 상하좌우, 전후원근, 남녀노소 … 적대적 냉기류가 흐르고 있는 겨울왕국의 모든 사람들이 다 귀 기울여 듣고 좀 반성을 해줬으면 좋겠다. 사람에게는 역시 36.5도의 따뜻함이 최선임을 잊지 말자. 그게 존재의 아프리오리한 기본원리다.

38. 우리를 반대하지 않는 사람은 우리를 위하는 사람이다

"우리를 반대하지 않는 사람은 우리를 위하는 사람이다."(ὃς γὰρ οὐκ ἔστιν καθ' ἡμῶν, ὑπὲρ ἡμῶν ἐστιν.)(마가 9:40)

"예수께서 가라사대, '금하지 말라. 너희를 반대하지 않는 자는 너희를 위하는 자니라.' 하시니라."(εἶπεν δὲ πρὸς αὐτὸν ὁ Ἰησοῦς, Μὴ κωλύετε, ὃς γὰρ οὐκ ἔστιν καθ' ὑμῶν ὑπὲρ ὑμῶν ἐστιν.)(누가 9:50)

수년 전 나는 근무하는 대학에서 한 기관의 장을 맡아 잠시 행정에 관여한 적이 있는데, 그때 제법 의욕적으로 이런저런 일들을 추진했다. 그때 꼭 하고 싶은 일이 하나 있었다. 그건 학교의 운명을 좌우하는 아주 큰일이었다. 내가 생각하기에는 그 일이 국가적으로도 아주 중요한 사안이었다. 꼭 성사시키고 싶은 일이었고 꼭 성사시켜야 할 일이었다. 성사된다면 수만 명이 그 혜택을 볼 수 있었다. 결과적으로 그 일은 성사되지 못했다. 반대에 부딪혔기 때문이다. 그 반대의 쓰디쓴 맛을 아직도 기억한다. 참으로 고약한 일이었다. 반대의 이유는 대체로 사소한 개인적 이해관계였다. '최대다수의 최대행복', 그런 공리주의적 원리도 그들의 사욕 앞에선 그냥 글자 몇 개에 불과했다. 그들이 힘을 가진 터라 그 반대는 현실적으로 넘을 수 없는 벽이 되었다. 너무나 안타까워서 예수의 이 말이 떠올랐다. '반대만 하지 않아도… 그게 도와주는 거다…' 그렇다. 진리였다. 많은 사람들이 아마 이 이야기를 들으며 각자가 겪은 비슷한 경우들을 떠올릴 것이다.

반대의 경우도 있다. 적극적 지지는 아니지만, 적극적 반대도 하지 않아 일이 원활하게 추진된 적이 있다. 심지어 반대파의 주요 인사에게 사정이 있어 다른 이가 대리 참석을 했는데 그가 사정을 잘 몰라 기권을 했고 그 덕에 중요한 사안이 아슬아슬하게 통과된 적도 있었다. 적극적 반대가 있었더라면 통과를 보장할 수도 없는 상황이었다. 왜냐하면 반대파는 대개 목소리가 크고 날선 논리로 선동을 해 분위기를 몰아가는 힘이 없지 않기 때문이다. 그때도 예수의 이 말이 떠올랐다. '반대만 하지 않아도… 그게 도와주는 거다…' 납득했다. 역시 진리였다.

예수는 어떻게 이런 말을 하게 되었을까? 그 자세한 전후 맥락은 생략되어 있다. 그러나 성경에 "반대하는 자들"(누가

13:17)이라는 표현이 등장하는 걸 보면, 예수가 그 하고자 하는 일에서 이런 '반대'에 부딪힌 것은 분명해 보인다. 안식일에 병든 사람을 고쳐주는 일이 대표적이다. 그 밖에도 여러 경우가 있었을 것이다. 그런 경험들이 아마도 예수로 하여금 이런 말을 하게 했을 것이다.

반대란 적극적인 적대 행위를 일컫는다. 웬만큼 모질지 않고는 그걸 하기가 쉽지 않다. 그래서 상당수의 사람들은 다른 누군가에 대해 "나는 반대요"라는 말을 잘 하지 못한다. 그래서 분위기에 휩쓸리기도 한다. 눈치껏 적당히 다수를 따라가기도 한다. 그래서 뒤늦게 혼자 후회를 하는 경우도 있다. 그런데 그런 반대를 아주 잘하는 사람들도 또한 없지 않다. 아니 적지가 않다. 아니, 요즘 우리 사회를 보면 각처에 그런 사람들투성이다. 나와 같은 의견이 아니면, 우리 패거리가 아니면, 일단 무조건 반대다. '반대를 위한 반대'라는 말도 낯설지 않다. 사안의 옳고 그름은 별로 고민하지 않는다. 결과적인 좋고 나쁨도 별로 상관하지 않는다. 패거리의 견해가 곧 나의 견해인 것이다. 이쪽의 말은 무조건 찬성, 저쪽의 말은 무조건 반대다. (거기에 나의 '이익'이 있기 때문이다.) 그런데 세상 일이 어디 그런가. 이쪽에도 옳지 않은 게 있을 수 있고 저쪽에도 옳은 게 있을 수 있다. 그래서 '이상적 대화 상황'에서의 공평한 합리적 '토론'과 '합의'가 진리의 기준이 되기도 하는 것이다. 이게 하버마스 철학의 핵심이었다. 정의를 이미 주어진 어떤 초월적 존재로 전제하지 않고, 이른바 '무지의 베일' 속에서, 당사자들 간의 합리적 절차에 의한 합의로 ('상호간에 상충하는 요구를 조정하는 방식'인 합의로) 즉 '합리적 선택'으로 '약정'으로 결정 혹은 채택한다는 롤스의 정의론도 그 기본 취지는 비슷했다.

'반대'는 이런 절차를 원천적으로 차단한다. 아예 불가능하게 만드는 것이다. 나와 의견이 다르면 너는 '나쁘다'는 것이다. 무조건 '안 된다'는 것이다. 할 수 있는 여지를 허용하지 않는 것이다. 그런 반대가 없다면 뭔가를, 특히 좋은 어떤 일을 할 수 있는 여지가 생겨난다. 그러면 선의로, 노력으로 그것을 해나가면 된다. 그래서 예수는 그런 말을 한 것이다. "우리를 반대하지 않는 사람은 우리를 위하는 사람이다." 조심스럽지만, 나는 그의 이 말을 그렇게 해석해본다.

좌우로 갈라져 무조건 반대, 무조건 찬성하는 작금의 한국 사회를 예수가 본다면 어떤 반응을 보일지 좀 궁금해진다. 일단 위에 인용한 예수의 말이 지금 여기서도 유효하다는 것은 확실해 보인다. 그렇다. 반대만 하지 않아도 위해주는 것이다. 도와주는 것이다. 이런 철학적 해석에는 부디 반대하는 자가 없었으면 좋겠다.

39. 모든 사람이 너희를 칭찬하면 화가 있도다

"모든 사람이 너희를 칭찬하면 화가 있도다. 저희 조상들이
거짓 선지자들에게 이와 같이 하였느니라."(οὐαὶ ὅταν ὑμᾶς
καλῶς εἴπωσιν πάντες οἱ ἄνθρωποι, κατὰ τὰ αὐτὰ
γὰρ ἐποίουν τοῖς ψευδοπροφήταις οἱ πατέρες αὐτῶν.)
(누가 6:26)

나는 개인적으로 마태복음에 나오는 예수의 이른바 '산상
수훈'을 인류 역사상 최고의 명강연으로 높이 평가하는데, 누
가복음의 '평지수훈'에도 이와 일부 겹치는 내용이 기록되어
있다. 이것이 같은 것의 다른 기록인지, 애당초 아예 다른 것
인지 좀 애매하다. 확인하기는 쉽지 않다. 예수가 가버나움에
들어가기 전의 말이라는 점에서는 일치한다. 그러나 그런 게
무슨 대수랴. 중요한 것은 그 내용이다. 한쪽에 없는 것이 다
른 쪽에 있다면 그건 마태와 누가 두 사람의 상호 기억 보완

이 될 수도 있다. 그런 거라면 고마운 일이다. 아닌 게 아니라 누가복음엔 마태복음에 없는 내용들도 있어 더욱 반갑다. 그중에 위의 말도 있다.

그런데 예수의 이 말은 듣는 사람을 좀 당혹하게 한다. 언뜻 생각하면 모든 사람이 다 칭찬한다면 더할 나위 없이 좋은 일인 것 같은데, 예수는 "화가 있도다"라고 하며 오히려 그걸 경계하는 것이다. 모든 사람의 칭찬은 거짓 선지자들에게나 해당한다는 것이다. 어찌 된 영문일까?

나는 예수의 이 말에 무릎을 친다. '모든 사람의 칭찬'이란 사실상 불가능한 일일뿐더러, 그런 경우가 있다 하더라도 그건 좋지 않은 일일 가능성이 있기 때문이다. 여러 차례 말한 바 있지만, 나는 그 증거를 저 위대한 이른바 4대 성인들에게서 발견한다. 훌륭함으로 치자면 공자, 부처, 소크라테스, 예수, 이분들보다 더 훌륭한 이가 어디 많겠는가. 그런데 이 중 누구도 모든 사람들에게 칭찬받은 경우는 없었다. 칭찬은커녕 심지어 누군가에게 극단적인 미움의 대상이 되어 목숨을 위협받기도 했고, 소크라테스와 예수는 결국 그 미움으로 인해 목숨을 잃기도 했다. 공자에게는 환퇴와 공손여가, 부처에게는 데바닷다, 소크라테스에게는 멜레토스, 아뉘토스, 뤼콘, 예수에게는 대제사장, 율법사, 바리새인 등 이른바 적대 세력들이 있었다. 그들은 결코 이들을 칭찬하지 않았다. 선 내지 덕이 모든 사람들의 선호하는(=칭찬하는) 바는 아닌 것이다.

흥미롭게도 우리는 이와 아주 비슷한 이야기를 공자에게서도 발견한다. 《논어》에 보면 이런 대목이 있다.

자공(子貢)이 물었다. "마을 사람들이 모두 좋아한다면 어떻습니까?" 선생님께서 말씀하셨다. "아직 부족하다." "마을 사람들이 모두 싫어한다면 어떻습니까?" 선생님께서 말씀하셨다. "아직 부족하다. 마을 사람들 중에서 선한 자는 좋아하고 선하지 못한 자는 싫어하는 것만 못하다."(子貢問曰, 鄉人皆好之, 何如. 子曰, 未可也. 鄉人皆惡之, 何如. 子曰, 未可也, 不如鄉人之善者好之, 其不善者惡之. 13.24)

여기 보이는 '호지'(好之: 좋아한다)라는 게 아마 예수가 말한 '칭찬'과 서로 통할 것이다. 그런데 공자도 "마을 사람들이 모두 좋아한다면"(鄉人皆好之) "아직 부족하다"(未可也)고 답했다. 표현의 차이는 있을지언정 그 취지는 예수의 저 말, "모든 사람이 너희를 칭찬하면 화가 있도다"와 거의 일치하는 것이다. 공자는 그 보충 설명까지도 제공해준다. "마을 사람들 중에서 선한 자는 좋아하고 선하지 못한 자는 싫어하는 것만 못하다"(不如鄉人之善者好之, 其不善者惡之)는 것이다.

안타깝지만 이게 현실이다. 이건 나의 경험으로도 확인한 바 있다. 그러니 우리는 모두가 나를 칭찬해주지 않더라도 낙

담하거나 실망할 필요가 없다. 고약한 사람들이 나를 싫어하고 미워한다면 오히려 자부심을 가져도 좋을 것이다. 그게 저 성인들에게 조금은 다가갔다는 증거가 될 수도 있을 테니까. 그리고 비록 그 수가 많지는 않을지라도 선 내지 덕은 반드시 그것을 알아주는, 좋아해주는, 칭찬해주는 동지를 만날 테니까. '덕불고, 필유린'(德不孤, 必有鄰: 덕은 외롭지 않다. 반드시 이웃이 있다.)이라고 말한 공자도 아마 저 예수와 비슷한 심정이었을 것이다. 누구나 칭찬한다고 좋아하지도 말고, 아무도 칭찬하지 않는다고 실망하지도 말자. 사람의 칭찬은 사람에 대한 절대적인 평가가 되지 못한다. 오직 신의 칭찬을 위해 마음을 써야 할 일이다.

40. 소경이 소경을 인도할 수 있느냐
둘이 다 구덩이에 빠지지 않겠느냐

"소경이 소경을 인도할 수 있느냐. 둘이 다 구덩이에 빠지지 않겠느냐."(Εἶπεν δὲ καὶ παραβολὴν αὐτοῖς: Μήτι δύναται τυφλὸς τυφλὸν ὁδηγεῖν; οὐχὶ ἀμφότεροι εἰς βόθυνον ἐμπεσοῦνται.)(누가 6:39)

누가복음에 기록된 예수의 말이다. 보석 같은 수훈들 중의 하나로 전후의 문맥과 설명은 생략되어 있다. 이것이 비유라는 사실만 간단히 언급되어 있다. ("또 비유로 말씀하시되…") 그래서 이 말에 대해서는 해석이 필요하기도 하고 해석이 자유롭기도 하다.

그런데 사실은 단순하다. 예수의 말들은 대체로 단순명쾌한 특징이 있다. 그의 진리 자체가 단순명쾌하기 때문이다. 이 말도 그렇다. 소경을 인도하려는 자는 소경이어서는 안 된다는 말이다. 소경이라는 말은 요즘은 거의 사용되지 않지만 장님을 가리킨다. 장님이란 시각장애인, 즉 앞을 보지 못하는 사람이다. 앞을 못 보는 사람이 앞을 못 보는 사람을 인도하면 어떻게 되겠는가? 구덩이에 빠지는 것은 불가피하다. 보통 사람들도 이걸 모를 턱이 없다. 예수가 그걸 몰랐을 턱도 없다. 그런데 왜 예수는 굳이 이 말을 한 것일까? 비유다. 현실에서는 장님이 장님을 인도하려 하고 있기 때문이다. 인도하고 있기 때문이다. 장님이 자기가 장님인 줄도 모르고 장님을 인도하려 하고, 또 장님이 저쪽이 장님인 줄도 모르고 그의 인도를 받고 있기 때문이다. 인도하는 자가 장님임을 모른 채 장님이 장님을 인도하고 그리고 인도받고 있는 것이다. 구덩이는 알 수 없는 도처에 깔려 있다. 위험천만이다. 그대로 가다가는 구덩이에 빠져 크게 다치거나 심지어 죽을 수도 있다. 예수는 그걸 한눈에 꿰뚫어보고 이런 말을 한 것이다. 그의 눈은 시력이 좋아 이게 보였던 것이다.

그런데 이게 사실은 그렇게 단순한 문제가 아니다. 인도하는 장님이 스스로 자기가 장님임을 모르기 때문이다. 그럼에도 불구하고 인도하는 자리에 있어 인도를 감행하기 때문이다. 위험하기 짝이 없는 노릇이다. 누군가 그 사실을 지적하면 크게 화를 내거나 지적한 그 사람에게 원한을 품고 해를 가할 수도 있다. 실제로 그렇게 하기도 한다.

짐작이지만, 예수의 이 말은 성경에 무수히 등장하는 대제사장들, 율법사들, 바리새인들을 가리키는 것일 수 있다. 제자들이 그들처럼 되어서는 안 된다는, 그들처럼 되지 말라는 경계일 수도 있다. 아마 소크라테스가 지탄해 마지않았던 저 무지한 (그러면서 그 무지를 모르는) 정치인들-지식인들-기술자들도 같은 부류일 것이다. 그들의 '알지 못함'과 예수가 우려한 '보지 못함'은 결국 같은 것이다. 그들의 '아는 체함'과 예수가 우려한 '인도함'도 결국 서로 통하는 것이다.

요즘 식으로 말하자면 이른바 '사회지도층'이다. 그들이 결국 소경이라는 것이다. 어디가 올바른 길인지, 어느 길로 가야 하는지 제대로 보지 못하고 있다는 말이다. 보는 눈이 없다는 말이다. 우리는 그 '보지 못함'과 '잘못 이끎'을 예수와 소크라테스에게 행한 그들의 위해를 통해 잘 알고 있다. 그리고 우리의 현실을 통해서도 얼마든지 확인할 수 있다. 우리 시대의 정치인들-지식인들-기술자들은, 그리고 종교인들은 소경이 아니라고 장담할 수 있을까? 예수와 소크라테스가 본다면 '그들은 다르다'고 과연 인정해줄 수 있을까? 나는 그분들에게 "요즘은 사정이 당시와 다르답니다"라고 변호해줄 자신이 없다.

소경이 소경을 이끌고 있다. 구덩이도 도처에 패어 있다. 나 같은 평범한 학자의 눈에도 그게 보인다. 그런데도 그들은 아니라고 강변한다. 제대로 이끌고 있다고 어깨를 으쓱한다. 그들의 태도엔 권위가 넘쳐난다. 정치는 분열과 부정을 부추기고, 지식도 사람과 세상의 진정한 좋음에는 관심이 없고,

기술도 인간성과 자연의 파괴를 나 몰라라 한다. (소위 SNS 등 IT 기술도 마찬가지다.) 일부 종교인들은 진리보다 오직 잿밥에만 관심을 기울인다. 일반인들도 그걸 모른 채 끌려가고 있다. 그들도 역시 분열과 부정, 사람과 세상의 진정한 좋음, 인간성과 자연의 파괴, 참된 길과 생명과 빛, 그런 주제들에 대해 무지하기 때문이다. 돈 이외에는 아무것도 '보이지'가 않기 때문이다. 총체적인 소경들의 왕국에서 요즘 우리는 소경들에 의해 이끌리는 소경으로 우리의 삶을 위태롭게 살아가고 있다. 정치도 지식도 기술도 다 위험하다. 그것들은 소경이다. 앞을 보지 못한다. 조심해야 한다. 그들에게 무턱대고 인도받았다가는 구덩이에 빠지는 것은 불문가지다. 나는 예수의 제자로서 다시 한 번 그의 위대한 진리를 이 세상에 전하고자 한다.

"소경이 소경을 인도할 수 있느냐. 둘이 다 구덩이에 빠지지 않겠느냐."

5.
바울과 함께

41. 너희가 지식의 열쇠를 가져가고
너희도 들어가지 않고
또 들어가자 하는 자도 막았느니라

"화 있을진저! 너희 율법사여 너희가 지식의 열쇠를 가져가고 너희도 들어가지 않고 또 들어가자 하는 자도 막았느니라…"(οὐαὶ ὑμῖν τοῖς νομικοῖς, ὅτι ἤρατε τὴν κλεῖδα τῆς γνώσεως: αὐτοὶ οὐκ εἰσήλθατε καὶ τοὺς εἰσερχομένους ἐκωλύσατε.)(누가 11:52)

아주 유명한 대목은 아니지만, 누가복음에 나오는 예수의 이 말을 나는 좀 특별한 심정으로 주목한다. '지식의 열쇠'라는 표현의 매력도 있고 '들어가지 않는다', '막는다'는 말이 갖는 철학적인 의미도 있기 때문이다.

예수가 율법사들에게 한 말인데, "화 있을진저"라는 일종의 저주 같은 말도 동반된다. 듣기에 따라서는 살벌하기까지 하다. 예수의 인품을 생각할 때, 이런 예외적인 독설은 그들이 얼마나 나쁜지를 자연스럽게 부각시킨다. 도대체 그들이 어떤 사람이기에 예수는 이토록 맹비난을 퍼붓는가.

성경에 보면 이들은 대제사장들, 바리새인들, 사두개인들, 헤롯 당원들 등과 함께 단골로 등장해 예수를 시험하고 비난하고 심지어 해하고자 기회를 엿본다. 도대체 왜 그랬을까? 문맥을 보면 충분히 짐작이 된다. 무엇보다 이들을 지칭하는 '율법'이라는 것이 그 힌트를 준다. 사전에 보면 율법사란 "유대교의 회당을 관리하던 사람. 건물의 관리 및 안식일례(安息日禮)의 집행 순서 따위를 정하고 보살피는 일을 하였다"라고 나온다. 요컨대 전래된 율법을 고지식하게 지키는 걸 임무와 덕으로 여기는 사람들이었다. 그런데 예수는 예컨대 율법이 금지하는 안식일의 활동 등을 예사로 한다. 안식일에 환자를 고쳐주는가 하면, 이삭을 잘라 먹기도 하고, 심지어 자신이 안식일의 주인임을 천명한다. 고지식한 그들로서는 괘씸하기 짝이 없었을 것이다. 그런데 예수로서는 그런 고지식한 율법보다 '선행'이 우선이었다. 예수는 "내가 율법이나 선지자나 폐하러 온 줄로 생각지 말라. 폐하러 온 것이 아니요 완전케 하려 함이로다. 진실로 너희에게 이르노니 천지가 없어지기 전에는 율법의 일점일획이라도 반드시 없어지지 아니하고 다 이루리라."(마태 5:17-18)라고 천명했다. "화 있을진저, 외식하는 서기관들과 바리새인들이여. 너희가 박하와 회향과 근채의 십일조를 드리되 율법의 더 중한 바 의와 인과 신은 버렸도다. 그러나 이것도 행하고 저것도 버리지 말아야 할지니라."(마태 23:23)라고도 말했다. 그 '율법'의 해석과 그것을 대하는 태도가 예수는 저들과 근본적으로 달랐던 것이다. 알기 쉽게 단순화하여 말하자면 예수와 그들 사이엔 형식주의와 내용주의의 대립이 있었던 셈이다. 오늘날의 우리는 예수가 옳았고 저들이 틀렸음을 안다. 그러나 당시엔 저들에게 권위가 있었고, 따라서 비록 선행이라고 하더라도 그 율법의 위배는 위험한 일이었다. 예수는 그 위험을 무릅쓴 것이었고 그래서 그 결과는 결국 십자가로까지 이어졌다. 고지식과 고집이 얼마나 위험한 것인지를 이 사건이 확실히 보여준다.

　나는 이것이 남의 일로 들리지 않는다. 그런 형식주의의 폐해를 우리 한국의 역사에서도 뼈아프게 경험했기 때문이다. 제사를 비롯한 조선 유교의 형식주의다. 그것으로 인한 소위 종부들의 희생과 수고는 21세기인 지금도 존재한다. 공자에게도 없는 저 형식주의적 '예'(禮)를 고지식한 조선 유림들은 철칙처럼 떠받들었다. 소위 홍동백서니 어동육서니 조율이시니 하는 것도 다 그런 축이다. 공자는 오히려 "예(禮), 예(禮) 하지만 구슬과 비단을 말하겠느냐. 음악, 음악 하지만 종과 북을 말하겠느냐."(禮云禮云, 玉帛云乎哉. 樂云樂云, 鐘鼓云乎哉. 17-09) "사람이 되어 어질지 못하면 예가 다 무엇이냐. 사람이 되어 어질지 못하면 음악이 다 무엇이냐."(人而不仁, 如禮何. 人而不仁, 如樂何. 03-03)라는 말로 그 형식주의를 배격했다. 공자가 형식적인 허례허식의 원흉이라는 어이없는 혐의는 이것 한마디로 곧바로 벗어날 수 있다. 이런 점에서는 공자도 예수와 서로 통한다.

율법사로 대표되는 형식주의자들은 관련된 많은 지식을 갖고 있지만, 정작 그 내용적 가치에는 관심이 없다. 그 가치의 세계를 관장하는 열쇠를, 특히 관련된 지식의 열쇠를 가지고 있으면서도, 본인은 그 세계의 문을 열려고 하지 않는다. 그 세계에 들어가지 않는다. 심지어 제대로 들어가려는 다른 사람의 출입을 막기도 한다. (말하자면 의사가 환자에게 금연하라고 말하면서 정작 본인은 골초인, 혹은 흡연을 부추기는 그런 경우다.) 앎과 함이, 앎과 됨이, 따로따로인 것이다. 예수는 그것을 꿰뚫어보고 있었다. 그 폐해가 눈에 보이니 어찌 화를 내지 않을 수 있었겠는가.

지금도 마찬가지다. 고지식한 형식주의가 오히려 중요한 가치를 방해하는 경우가 적지 않다. 종교적 율법과는 약간 방향이 다르긴 하지만, 법을 만들고 법을 관장하는 입법부나 사법부엔 지금 이런 형식주의자들이 없는지, 열쇠를 가졌지만 본인은 정작 그 법의 가치에 관심이 없거나, 법의 진정한 가치를 방해하는 경우가 없는지, 지식의 전당인 학교엔 혹시 그런 사례가 없는지, 시대적인 문제로, 사회적인 문제로, 한번 반성해볼 필요가 있을 것 같다.

42. 삼가 모든 탐심을 물리치라 사람의 생명이 그 소유의 넉넉한 데 있지 아니하나라

"무리 중에 한 사람이 이르되 '선생님, 내 형을 명하여 유업을 나와 나누게 하소서.' 하니, 이르시되 '이 사람아, 누가 나를 너희의 재판장이나 물건 나누는 자로 세웠느냐?' 하시고 […] 저희에게 이르시되 '삼가 모든 탐심을 물리치라. 사람의 생명이 그 소유의 넉넉한 데 있지 아니하나라.' 하시고…"(εἶπεν δὲ πρὸς αὐτούς, Ὁρᾶτε καὶ φυλάσσεσθε ἀπὸ πάσης πλεονεξίας, ὅτι οὐκ ἐν τῷ περισσεύειν τινὶ ἡ ζωὴ αὐτοῦ ἐστιν ἐκ τῶν ὑπαρχόντων αὐτῷ.)(누가 12:13-15)

"또 비유로 저희에게 일러 가라사대, 한 부자가 그 밭에 소출이 풍성하매 심중에 생각하여 가로되 '내가 곡식 쌓아 둘 곳이 없으니 어찌 할꼬.' 하고, 또 가로되 '내가 이렇게 하리라. 내 곳간을 헐고 더 크게 짓고 내 모든 곡식과 물건을 거기 쌓아 두리라.' 또 내가 내 영혼에게 이르되 '영혼아 여러 해 쓸 물건을 많

이 쌓아 두었으니 평안히 쉬고 먹고 마시고 즐거워하자.' 하리
라 하였으나, 하나님은 이르시되 '어리석은 자여 오늘 밤에 네
영혼을 도로 찾으리니 그러면 네 예비한 것이 뉘 것이 되겠느
냐?' 하셨으니, 자기를 위하여 재물을 쌓아 두고 하나님께 대하
여 부요치 못한 자가 이와 같으니라."(누가 12:16-21)

예수의 이 말을 요즘 사람들은 어떻게 듣고 있는지 모르겠
다. '탐심'과 '소유'라는 두 단어가 내게는 늘 편하지 않다.
그리고 무엇보다도 '물리치라', '아니하다'라는 단어가 내게
는 묵직한 종소리처럼 울려온다.

어디 나뿐이겠는가. 이 말은 자본만능, 자본전횡의 시대를
살아가는 우리 모두에게 엄청난 부담으로 가슴에 얹힌다.
"네 모든 소유를 가난한 사람들에게 나누어주고 나를 따르
라"는 말을 들었던, 그리고 근심하며 돌아갔던 저 부자 청년
의 심정도 그러했을 것이다. 소위 선량한 사람일수록 더욱 그
렇다. 특히 사업을 하는 선량한 사람은 더더욱 그렇다.

이건 사실 간단한 문제가 아니다. 불교와 무소유는 (꼭 법
정 스님을 모르더라도) 대부분의 사람들이 '그런가 보다' 하
고 대충 알고 있지만, 기독교가, 특히 예수 본인이 이런 무소
유의 철학을 갖고 있었다는 건 일반에게 잘 알려져 있지 않
다. 일부 부유한 대형 교회들은 은근히 이 말을 외면하기도
한다. 불편할 것이다. 진정으로 예수를 '하나님의 아들'이라

여긴다면 불편해야 마땅할 것이다. 왜냐하면 탐심과 소유는 인간의 본능에 속하고 따라서 그것을 물리치고 '아니라'며 그 넉넉함을 부정하는 것은 그 본능에 반하기 때문이다.

예수를 따른다는 것은 불교와 마찬가지로 '버리고 떠나기'를 요구한다. 예수는 첫 제자 베드로에게도 그것을 요구했고, 저 부자 청년에게도 그것을 요구했다. 이 비슷한 장면은 신약성서에 드물지 않게 나타난다. 그런 점에서는 가톨릭교회의 신부와 수녀들이 이 가르침에 충실한 편이다. 물론 개신교에서도 이런 청빈의 정신을 체화한 성직자들이 적지 않다. 대단한 일이 아닐 수 없다. 그러나 대다수의 보통 사람들은? … 역시 쉬운 문제가 아니다.

그러나 그런 보통 사람들에게도 심리적인 타협점이 없지는 않다. 그 '소유'와 '재물'의 성격을 어떻게 규정하느냐에 따라 그것을 추구하는 삶이 의미를 지닐 수도 있기 때문이다. 인용한 부분의 마지막 문장이 그 방향을 암시한다. "자기를 위하여 재물을 쌓아 두고 하나님께 대하여 부요치 못한 자"가 아니면 되는 것이다. '자기를 위하여' '쌓아 둠'이 아니라면, 그리고 '하나님께 대하여' 부유하다면 되는 것이다. 이 정도의 타협이라면 아마 예수도 용인할 것이다.

하나의 해석이지만, 아마도 '나눔'이 그에 해당할 것이다. 선진사회에서 드물지 않게 듣는 '기부'나 '자선'도 그에 해당할 것이다. '나누어 주라'라는 예수의 말이 이런 흐름의 원천이 된다. 예수 본인도 무소유였다. 그는 동산도 부동산도 탐하지 않았다. 그 증거들은 신약성서 전편에 여러 가지 형태로 산재한다. 그러나 그는 '하나님께 대하여' 그 누구보다도 부유한 존재였다. 천국에서의 재벌 일순위가 바로 예수였다. 그는 철저하게 하나님을 향한, 하나님을 위한 삶을 살았으니까.

세상은 지금도 전 세계적-전 인류적 규모로 '소유'를 향해 행진하고 있다. '탐심'이 그 거대한 움직임에 동력을 제공한다. 자본이라는 거대한 공룡의 발걸음을 그 누구도 제어할 수 없다. 그러나 그 앞길이 어딘지는 아무도 모른다. 별로 관심도 없어 보인다. 단, 거기에 우리 인류의 '생명'이 있지는 않을 것 같다. 인간성 파괴, 환경오염 등 엄청난 재앙의 그림자도 어른거린다. 예수가 이미 2천 년 전에 그것을 알려줬다. ("사람의 생명이 그 소유의 넉넉한 데 있지 아니하니라.") 그는 정말로 선지자였다. 모든 소유를 다 버리기는 어렵겠지만, 그중 작은 한 조각이라도 어려운 이웃들에게 나누어 주자. 아마 예수도 기뻐할 것이다. 그리고 그의 아버지인 하나님도 기뻐하실 것이다. 나누어 주는 그런 재물은 아마도 천국의 곳간에 쌓일 것이다.

43. 그 정죄는 … 사람들이 …
빛보다 어두움을 더 사랑한 것이니라

"그 정죄는 이것이니 곧 빛이 세상에 왔으되 사람들이 자기 행위가 악하므로 빛보다 어두움을 더 사랑한 것이니라.(αὕτη δέ ἐστιν ἡ κρίσις, ὅτι τὸ φῶς ἐλήλυθεν εἰς τὸν κόσμον καὶ ἠγάπησαν οἱ ἄνθρωποι μᾶλλον τὸ σκότος ἢ τὸ φῶς, ἦν γὰρ αὐτῶν πονηρὰ τὰ ἔργα.) 악을 행하는 자마다 빛을 미워하여 빛으로 오지 아니하나니 이는 그 행위가 드러날까 함이요, 진리를 쫓는 자는 빛으로 오나니 이는 그 행위가 하나님 안에서 행한 것임을 나타내려 함이라."(요한 3: 19-21)

빛과 어둠에 관한 예수의 이 언급은 세상의 현실과 관련해 많은 생각을 하게 한다. 특히 '사람들이 빛보다 어둠을 더 사랑한 것'을 언급하며 그것이 곧 정죄, 즉 '심판의 근거'라는 지적은 우리의 가슴을 아프게 한다. 왜냐하면 여기서 언급된

'빛'은 곧 예수 자신을 일컫기 때문이다. (두 요한, 즉 세례 요한과 사도 요한이 그것을 증거한다.)

"태초에 말씀이 계시니라. […] 그 안에 생명이 있었으니 이 생명은 사람들의 빛이라. 빛이 어두움에 비취되 어두움이 깨닫지 못하더라. 하나님께로서 보내심을 받은 사람이 났으니 이름은 요한이라. 저가 증거하러 왔으니 곧 빛에 대하여 증거하고 모든 사람으로 자기를 인하여 믿게 하려 함이라. 그는 이 빛이 아니요 이 빛에 대하여 증거하러 온 자라. 참 빛 곧 세상에 와서 각 사람에게 비취는 빛이 있었나니, 그가 세상에 계셨으며 세상은 그로 말미암아 지은 바 되었으되 세상이 그를 알지 못하였고, 자기 땅에 오매 자기 백성이 영접치 아니하였으나, 영접하는 자 곧 그 이름을 믿는 자들에게는 하나님의 자녀가 되는 권세를 주셨으니, 이는 혈통으로나 육정으로나 사람의 뜻으로 나지 아니하고 오직 하나님께로서 난 자들이니라. 말씀이 육신이 되어 우리 가운데 거하시매 우리가 그 영광을 보니 아버지의 독생자의 영광이요 은혜와 진리가 충만하더라. 요한이 그에 대하여 증거하여 외쳐 가로되 '내가 전에 말하기를 내 뒤에 오시는 이가 나보다 앞선 것은 나보다 먼저 계심이니라 한 것이 이 사람을 가리킴이라.' 하니라."(요한 1:1-15)

그러니 이 말을 한 예수의 가슴속에는 아마도 세상 사람들이 자신을 사랑하지 않고 자신에게로 오지 않고 어둠을 더 사랑하며 오히려 자기를 미워하는 현실에 대한 아픔이 있었을 것이다. 생각해보면 이 사실엔 참 묘한 점이 있다. 빛과 어둠, 즉 선과 악은 그 자체로 명확함에도 사람들은 왜 빛보다 어둠을 더 사랑하고 빛을 미워하고 빛으로 오지 않는 것일까?

예수는 스스로 그 이유를 진단한다. 그것은 [그런] 사람들이 악을 행하기 때문이며, 그 악한 행위가 드러날까 두려워하기 때문이다. 빛은 모든 것을 환하게 밝혀 드러내기 때문이다. 빛의 그런 역할은 어둠 속에서 자행되는 온갖 범죄들이 밝은 대낮에는 일어나지 않는 것을 보더라도 곧바로 확인된다.

그래서 예수로 상징되는 '빛'의 존재가 이 세상 사람들에게는 필요한 것이다. 예수가 자신의 제자들에게 "너희는 세상의 빛이라, 산 위에 있는 동네가 숨기우지 못할 것이요, 사람이 등불을 켜서 말 아래 두지 아니하고 등경 위에 두나니, 이러므로 집 안 모든 사람에게 비취느니라. 이같이 너희 빛을 사람 앞에 비취게 하여 저희로 너희 착한 행실을 보고 하늘에 계신 너희 아버지께 영광을 돌리게 하라."(마태 5:14-16)라고 당부한 것도 결국 자신처럼 빛으로서 세상의 선과 악을 밝히 드러내라는, 선은 선으로서 악은 악으로서 드러내라는, 그리고 스스로의 선행으로 신에게 영광을 돌리라는, 그런 취지였을 것이다.

다행히 세상에는 그런 예수의 제자들이 적지 않게 있다. 스스로 진리를 좇아 빛으로 오는 자도 적지 않게 존재한다. 그 빛을 어둠보다 더 사랑하는 것이다. 나는 그런 사람들을 개인적으로 여럿 알고 있다. 그들은 아주 자연스럽게 선행을 한다. 허심, 긍휼, 화평, 온유, 용서, 사랑 … 그런 예수의 덕목들이 그들에게는 체화되어 있다. 그들은 그 행위가 하나님 안에서 행한 것임을 자연스럽게 나타낸다. 예수가 이 땅을 떠난 지 2천 년도 더 지났지만, 여전히 예수의 제자들이 존재하는 것이다.

예수는 분명히 십자가에 못 박혀 피를 흘리고 죽었지만, 그는 아주 죽은 것이 아니다. 21세기인 지금도 하늘에는 밝은 태양이 떠서 그 빛으로 세상을 환히 비추고 있듯이 예수라는 빛도 여전히 밝게 빛나 세상의 선행을 드러내고 날마다 어둠을 몰아낸다. 어둠이 있는 한 빛이 필요하기 때문이다. 그리고 또한 이 기나긴 세월이 흘렀음에도 세상엔 여전히 어둠을 빛보다 더 사랑하는 자들이 존재한다. 그들은 여전히 악을 행하고 그 악이 드러날까 빛을 미워하며 빛으로 오지 않는다. 아니, 요즘의 악인들은 빛을 두려워하지도 않는다. 그 악행이 드러나는 것도 두려워하지 않는다. 오히려 선을 가장하기도 한다. 심지어 선악이 뒤집히는 경우조차 없지 않다. 우리가 예수라는 등불을 다시 밝혀 등경 위에 올려두어야 할 이유가 바로 거기에 있다.

　세상엔 매일매일 밤이 오고 그리고 다시 밝은 아침빛이 밝아 온다. 영원한 반복이다. 마지막 그날에 이르기까지.

44. 내가 주는 물을 먹는 자는
영원히 목마르지 아니하리니

"이 물을 먹는 자마다 다시 목마르려니와, 내가 주는 물을 먹는 자는 영원히 목마르지 아니하리니, 나의 주는 물은 그 속에서 영생하도록 솟아나는 샘물이 되리라."(ἀπεκρίθη Ἰησοῦς καὶ εἶπεν αὐτῇ, Πᾶς ὁ πίνων ἐκ τοῦ ὕδατος τούτου δι ψήσει πάλιν: ὃς δ' ἂν πίῃ ἐκ τοῦ ὕδατος οὗ ἐγὼ δώσω αὐτῷ, οὐ μὴ διψήσει εἰς τὸν αἰῶνα, ἀλλὰ τὸ ὕδωρ ὃ δώσω αὐτῷ γενήσεται ἐν αὐτῷ πηγὴ ὕδατος ἀλλομέ νου εἰς ζωὴν αἰώνιον.)(요한 4:13-14)

사도 요한이 기록한 예수의 이 말은 내게 특별한 울림으로 들려온다. '물'이라는 단어 때문이다. 철학을 조금이라도 공부한 사람은 다 알겠지만, 이 '물'이라는 것은 2,600년 서양 철학사의 첫 페이지에 등장한다. 이른바 철학의 아버지로 평가되는 탈레스가 자연(physis)의 근원(arche)을 논하면서 '물

(hydor)이 바로 그것'이라고 주장한 것이다. 보통은 대충 넘어가는 그 부분을 나는 매 학기 '서양철학사' 시간에 한 시간 내내 공을 들여서 강의를 하곤 한다. 그만큼 '물'의 철학적 의미가 작지 않기 때문이다. 졸저《사물 속에서 철학 찾기》에서도 '물의 철학'을 따로 다루었고, 기회 있을 때마다 노자의 '상선약수'(참 선은 물과 같다)를 선전하기도 한다. 그러니 예수가 자신의 가르침을 '물'에 비유한 이 대목이 반갑지 않을 도리가 없다.

인용한 이 부분은 예수가 유대를 떠나 갈릴리로 가다가 도중에 사마리아를 지나며 수가라는 동네에 들러 목이 말라 요셉의 우물에서 한 사마리아 여인에게 물을 청하며 나눈 대화이다.

"유대를 떠나사 다시 갈릴리로 가실 새, 사마리아로 통행하여야 하겠는지라, 사마리아에 있는 수가라 하는 동네에 이르시니 야곱이 그 아들 요셉에게 준 땅이 가깝고, 거기 또 야곱의 우물이 있더라. 예수께서 행로에 곤하여 우물 곁에 그대로 앉으시니 때가 제 육시쯤 되었더라. 사마리아 여자 하나가 물을 길러 왔으매 예수께서 물을 좀 달라 하시니, 이는 제자들이 먹을 것을 사러 동네에 들어갔음이러라. 사마리아 여자가 가로되 당신은 유대인으로서 어찌하여 사마리아 여자 나에게 물을 달라 하나이까 하니, 이는 유대인이 사마리아인과 상종치 아니함이러

라. 예수께서 대답하여 가라사대 네가 만일 하나님의 선물과 또 네게 물 좀 달라 하는 이가 누구인 줄 알았더면 네가 그에게 구하였을 것이요 그가 생수를 네게 주었으리라. 여자가 가로되 주여 물 길을 그릇도 없고 이 우물은 깊은데 어디서 이 생수를 얻겠삽나이까. 우리 조상 야곱이 이 우물을 우리에게 주었고 또 여기서 자기와 자기 아들들과 짐승이 다 먹었으니 당신이 야곱보다 더 크니이까. 예수께서 대답하여 가라사대 이 물을 먹는 자마다 다시 목마르려니와 내가 주는 물을 먹는 자는 영원히 목마르지 아니하리니 나의 주는 물은 그 속에서 영생하도록 솟아나는 샘물이 되리라. 여자가 가로되 주여 이런 물을 내게 주사 목마르지도 않고 또 여기 물 길러 오지도 않게 하옵소서."(요한 4:3-14)

예수는 자신이 주는 물(=가르침)이 영생케 하는 샘물이며 그것을 마시면 영원히 목마르지 않으리라고 단언한다. 이것이 비유임을 감안하더라도 엄청난 발언이다. 도대체 어디서 오는 자신감일까? 나는 그가 무수히 언급한 '나를 보내신 이' 혹은 '보내신 아버지'라는 말을 자연스럽게 떠올린다. 그는 역시 신의 아들이었던 모양이다.

이 말이 설혹 신화적인 담론이라고 하더라도 나는 그의 가르침들만 가지고도 그가 신의 아들임을 인정하고 싶어진다. 그만큼 소중한 가르침들이기 때문이다. 산상수훈만 하더라도,

아니 이미 말했지만 그중 단어 하나만 하더라도, 그것이 영원
으로 연결되는 다리 역할을 한다고 나는 믿어 마지않는다. 사
랑, 허심, 긍휼, 온유, 화평, 용서 … 진정한 가치란 그런 것
이다. 예수는 그런 가치를 가르친 것이다. 기적(처녀수태, 물
위를 걸음, 병자를 고침, 죽은 자를 살림, 파도를 꾸짖음 …
등), 십자가, 부활 … 그런 종교적 요소가 아니더라도 그의
가르침에는 신성이 넘쳐난다. 나는 사람들이 일단 그런 부분
을 주목하고 그의 가르침을 좀 따라줬으면 하고 기대한다. 그
리고 그의 그런 샘물이 정말로 영원히 마르지 않기를, 그리고
사람들이 그 샘물을 마시고 영원히 목마르지 않기를 기대해
마지않는다. 세상의 삭막함에 나는 오늘도 좀 목이 탄다. 커
피도 주스도 콜라도 사이다도 이 갈증을 해소시켜주지는 못
한다. 역시 물이다. 샘물이 최고다. 예수표 샘물이다.

45. 진리가 너희를 자유케 하리라

"그러므로 예수께서 자기를 믿은 유대인들에게 이르시되, '너희가 내 말에 거하면 참 내 제자가 되고 진리를 알지니 진리가 너희를 자유케 하리라.'(Ἐὰν ὑμεῖς μείνητε ἐν τῷ λόγῳ τῷ ἐμῷ, ἀληθῶς μαθηταί μού ἐστε, καὶ γνώσεσθε τὴν ἀλήθειαν, καὶ ἡ ἀλήθεια ἐλευθερώσει ὑμᾶς.) 저희가 대답하되 '우리가 아브라함의 자손이라 남의 종이 된 적이 없거늘 어찌하여 우리가 자유케 되리라 하는가.' 예수께서 대답하시되 '진실로 진실로 너희에게 이르노니 죄를 범하는 자마다 죄의 종이라. 종은 영원히 집에 거하지 못하되 아들은 영원히 거하나니, 그러므로 아들이 너희를 자유케 하면 너희가 참으로 자유하리라.(ἐὰν οὖν ὁ υἱὸς ὑμᾶς ἐλευθερώσῃ, ὄντως ἐλεύθεροι ἔσεσθε.)' "(요한 8:31-36)

"진리가 너희를 자유케 하리라."(ἡ ἀλήθεια ἐλευθερώσει ὑμᾶς.) 이 말을 나는 특별한 느낌으로 기억한다. 1997년부터 1998년에 걸쳐 나는 내 전공 분야(현상학-존재론)의 메카인 독일 프라이부르크대학에 머물며 연구했는데, 그 철학부 건물 외벽에 이 말이 커다랗게 새겨져 있었기 때문이다. 붉은 외벽에 황금색 글씨었다. "Die Wahrheit wird euch frei machen." 이런 글귀가 대학 건물에 적혀 있다니! 그 대학스러운 분위기가 나는 무척이나 흡족했다.

그런데 정작 이 말이 예수의 입에서 나왔다는 걸 아는 사람은 그다지 많지 않다. 그리고 그 의미가 어떤 것인지도 사람들은 잘 알지 못한다. '진리', '자유' … 도대체 무슨 의미일까? 소위 진리론, 자유론을 학문적-철학적으로 논하자면 한도 끝도 없다. 적어도 책 한 권, 아니 최소한 논문 한 편은 필요할 것이다. 나는 비록 대학 선생이기는 하지만, 그런 현학적 논의를 별로 좋아하지는 않는다. 정작 중요한 진리는 의외로 단순하다고 믿기 때문이다. 한두 마디 말로도 충분하다고 믿기 때문이다. (하이데거도 철학의 대주제인 존재[Sein]를 '단순한 것'[das Einfache]이라고 규정했다.)

'자유케 하리라'는 것은 '자유롭지 못하다'는 것을 전제로 한다. 자유롭지 못하다고? 구속 상태가 아닌 한, '나는 해당 사항 없다'고 느끼는 사람도 많을 것이다. 아닌 게 아니라 예수에게 이 말을 들은 유대인들도 곧바로 이의를 제기했다. 우

리는 (아브라함의 자손이고) 남의 종이 아닌데 무슨 자유가
더 필요하냐고. 그런데 예수는 이 대목에서 단언한다. '너희
들은 자유롭지 못한 종이 맞다'고. 누구의 종? 그는 친절하게
설명까지 해준다. '죄의 종'이라는 것이다. 앞에서도 다루었
지만, 인간이 죄인이라는 것은 기독교의 대전제. 그런 이
상, 모든 인간은 그 죄의 종이고 그 죄에서 자유롭지 못한 것
이다. 따라서 자유가 필요한 것이다.

   그렇다면, 우리는 어떻게 그 죄의 상태에서 벗어나 자유로
운 상태가 될 수 있는가? 그 답이 '진리'다. 진리가 우리를
자유케 하리라고 예수는 일러준다. 그렇다면 그 진리란 무엇
인가? 역시 간단한 문제는 아니다. 철학을 들여다보면 엄청
나게 어렵고 복잡한 진리론들이 전개된다. 그러나! 적어도 예
수의 문맥에서는 간단하다. "내가 곧 길이요 진리요 생명이
니…"(λέγει αὐτῷ [ὁ] Ἰησοῦς, Ἐγώ εἰμι ἡ ὁδὸς καὶ ἡ ἀλ
ήθεια καὶ ἡ ζωή)(요한 14:6)라고 그는 말했다. 예수 본인이
진리인 것이다. 부연하자면 그의 말들이, 그의 가르침들이,
그의 삶과 죽음이 곧 진리인 것이다. 회개, 허심, 긍휼, 온유,
화평, 용서, 사랑 … 등등, 그런 게 다 그 구체적인 내용이다.
그런 가르침을 실천하면, 우리는 죄에서 멀어진다. 죄의 종이
라는 상태에서 벗어난다. 죄의 손아귀에서 해방되는 것이다.
자유롭게 되는 것이다. 아주 간단한 논리다.

   나는 여러 차례 강조했다. 그중 어느 단어 하나만 제대로

실천해도 거기 거의 천국이 펼쳐진다고. 천국이 그 가까이에 있다고. 이 단어들이 비록 짧고 간단하지만, 학자들의 방대한 전집 수십 권보다 더 가치 있다고 나는 단언한다. 조그만 보석 하나, 진주 하나가 거대한 돌덩이보다 더 귀하지 아니하던가. 질이 양에 우선한다.

자유란 편안함으로 확인된다. 거기엔 죄인의 불안함과 두려움이 없다. 조마조마도 안절부절도 두근두근도 없다. 예수의 표현을 빌리자면 '집에 거함'이다. 집에 거하는 것만큼 편안한 게 어디 있는가. 우리가 역사를 통해 겪어봤지만, 사람들은 자유를 위해 때로 목숨도 건다. 그런데 예수라는 진리는 위험이 없다. 그것은 은혜로 주어진다. 내가 나아가 받아들이기만 하면 되는 것이다. 부르지 않았는데도 찾아와준 것이니 얼마나 고마운 일인가. 이 진리를 식탁에 청해 따뜻한 차라도 한잔 대접하면서 지나온 삶의 과정에서 묻은 죄의 때들을, 혹은 쌓인 죄의 먼지들을 한번 점검해보기로 하자. 아마 그 시커먼 것들이 각자 적지 않을 것이다. 그것을 조금이라도 닦아내고 털어내고 하면서 조금씩 깨끗해지기로 하자. 그 죄의 무게를 덜고 가벼워지기로 하자. 자유의 가벼움, 자유의 편안함을 느껴보기로 하자. '신의 아들'이라는 예수가 그렇게 해주겠다지 않는가. 고마운 일이 아닐 수 없다.

46. 사람이 낮에 다니면 이 세상의 빛을
보므로 실족하지 아니하고

"사람이 낮에 다니면 이 세상의 빛을 보므로 실족하지 아니
하고 밤에 다니면 빛이 그 사람 안에 없는 고로 실족하느니라."
(ἀπεκρίθη Ἰησοῦς, Οὐχὶ δώδεκα ὧραί εἰσιν τῆς ἡμέρ
ας; ἐάν τις περιπατῇ ἐν τῇ ἡμέρᾳ, οὐ προσκόπτει, ὅτι
τὸ φῶς τοῦ κόσμου τούτου βλέπει.)(요한 11:9)

"예수께서 가라사대 아직 잠시 동안 빛이 너희 중에 있으니
빛이 있을 동안에 다녀 어두움에 붙잡히지 않게 하라. 어두움에
다니는 자는 그 가는 바를 알지 못하느니라. 너희에게 아직 빛
이 있을 동안에 빛을 믿으라. 그리하면 빛의 아들이 되리라.(ὡς
τὸ φῶς ἔχετε, πιστεύετε εἰς τὸ φῶς, ἵνα υἱοὶ φωτὸς
γένησθε.) 예수께서 이 말씀을 하시고 저희를 떠나가서 숨으
시니라."(요한 12:35-36)

예수의 언어들이 대체로 그렇지만, 요한이 기록한 이 말도 상징으로 가득 차 있다. 그래서 이 말은 쉽기도 하고 어렵기도 하다. 단어만 놓고 보면 어려운 것은 하나도 없다. 그러나 이 단어들이 내용적으로 무엇을 가리키는지는 가늠하기가 쉽지 않다. 문맥도 그 이해에 별 도움이 되지 않는다. 예수는 마르다와 그 동생 나사로를 무척 사랑했는데 그 나사로가 병들었다는 소식을 듣고 다시 그들이 있는 유대로 가자고 했다. 그때 제자들이 위험하다고 걱정을 하자 예수가 이 말을 한 것이다. 그리고 결국 가서 이미 죽은 그를 되살린 저 유명한 (황당하기 그지없는) 이야기가 전개된다. 인용한 이 말은 그 나사로를 되살린 것과는 직접 관련이 없다. 요한이 그 관련성까지는 말해주지 않는 것이다.

그러나 우리는 이 말에서 요한의 문맥과 무관하게 대단히 의미 있는 예수의 메시지를 읽을 수가 있다. 그것은 지혜라 불러도 좋고 도덕이라 불러도 좋다. 그것을 나는 철학적으로 음미해본다.

예수는 여기서 '실족함'과 '실족하지 않음'을 이야기한다. 그리고 그 조건으로서 '낮에 다님'과 '밤에 다님'을 지적한다. 그리고 그 낮과 밤의 차이가 '빛이 있음'과 '빛이 없음'이라고 알려준다. 혹은 '빛을 봄'과 '빛을 보지 못함'이라고 알려준다. 이걸 모르는 사람이 어디 있겠는가. 그러나 그 메시지를 제대로 이해하는 사람은 뜻밖에 많지 않다. 그리고 그 메시지를 실천하는 사람은 더욱더 많지 않다.

예수가 한 이 말의 핵심은 실족하지 말라는 것이다. 빛이 사람 안에 있어야 한다는 말이다. 빛을 보아야 한다는 말이다. 밤에 다니지 말라는 것이다. 아주 단순명쾌하다. 그런데 설마하니 사람들이 이 단순한 사실을 모를 턱이 있겠는가. 그리고 사람들이 그걸 모르지 않을 거라는 사실을 예수가 모를 턱이 있겠는가.

그럼에도 불구하고 예수가 이 말을 한 까닭은 무엇일까? 이것은 상징이다. 세상 사람들의 온갖 타락에 대한 상징이다(실족). 도덕의 부재에 대한 상징이다(빛이 없음). 사악한 환경 내지 분위기에 대한 상징이다(밤에 다님). 그것을 예수는 우려한 것이다.

그때나 지금이나 세상엔 실족해 구덩이에 빠지는 사람들이 너무나 많다. 낭떠러지에서 떨어져 목숨을 잃는 사람들도 적지 않다. 도덕적으로 잘못된 길을 가는 모든 사람들이 다 해당된다. 모든 범죄자, 모든 위선자가 다 해당된다. 권력자, 부자, 공직자, 유명인들 중에도 수두룩하다. 인간들이 보편적으로 추구하는 이른바 부-귀-공-명(돈, 지위, 업적, 인기)의 길에 그토록 어두운 밤길이 많고 밤에 그 길을 다니는 사람이 많기 때문이다. 혹은 낮이라 해도 그 뒷골목은 어둡기가 밤과 그다지 다를 바 없다. 그래서 실족하는 것이다. 그런 이들을 우리는 뉴스의 화면에서, 검찰의 포토라인 앞에서, 경찰차 안에서 거의 매일 보고 있다.

세상에 빛이 없고 사람들 안에도 빛이 없다. 지금 시대엔 특히 그렇다. 하늘에 태양처럼 높이 떠 온 세상을 환히 비추는 그런 훌륭한 인물이 없는 것이다. 출타 중? 부재 중? 하여간 실종이다. 행방불명이다. 어쩌면 세상에 가득한 미세먼지 혹은 먹구름에 가려 그 빛이 차단된 상태인지도 모르겠다.

밤은 지금 깊고도 깊다. 깊은 삼경이다. 혹은 낮이라 해도 어둡기는 마찬가지다. 매일매일 하루 온종일 밤과 같다. 개기일식이 너무나 오래 진행 중이다. 바야흐로 그런 시대를 우리는 지금 더듬더듬 지나고 있다.

그러나 실망은 말자. 이 세상엔 작은 촛불이 혹은 등불이 여기저기에 밝혀져 있다. 밤의 어둠을 배경으로 그 불들은 마치 그림처럼 아름다운 풍경을 연출한다. 그 불들이 어두운 밤길을 밝혀주고 있다. 그 불을 밝혀 든 이들로 인해 적지 않은 사람들이 실족을 면하고 구덩이를 피해 간다. 나는 그런 이들을 개인적으로 적지 않게 알고 있다. 그들이야말로 진정한 예수의 제자임을 나는 믿어 마지않는다. 그런 이들은 교회 안에도 있고 교회 밖에도 있다. 신앙과 상관없다. 그런 이들에게 신의 가호와 축복이 있기를 나는 기도한다.

47. 한 알의 밀이 땅에 떨어져
죽지 아니하면 한 알 그대로 있고
죽으면 많은 열매를 맺느니라

"내가 진실로 진실로 너희에게 이르노니 한 알의 밀이 땅에 떨어져 죽지 아니하면 한 알 그대로 있고 죽으면 많은 열매를 맺느니라."(ἀμὴν ἀμὴν λέγω ὑμῖν, ἐὰν μὴ ὁ κόκκος τοῦ σίτου πεσὼν εἰς τὴν γῆν ἀποθάνῃ, αὐτὸς μόνος μένει: ἐὰν δὲ ἀποθάνῃ, πολὺν καρπὸν φέρει.)(요한 12:24)

사도 요한이 전하는 예수의 이 말은 일반인들에게도 비교적 널리 알려져 있다. 그러나 그 문맥이 아주 썩 명쾌하지는 않다. 이런 애매함이랄까 불명료함이랄까 어렴풋함은 요한복음의 한 특징이기도 하다. 단, 한 가지 분명한 것은 이 말이 예수 자신의 죽음과 무관하지 않다는 것이다.

성경의 기록들을 좀 자세히 뜯어서 읽어보면 우리는 자신의 죽음을 예감한 예수의 심경이 그렇게 간단하지만은 않았음을 짐작할 수 있다. 그는 그 복잡한 심경 속에서 여러 가지 형태로 떠날 준비를 한다. "1 유월절 전에 예수께서 자기가 세상을 떠나 아버지께로 돌아가실 때가 이른 줄 아시고 세상에 있는 자기 사람들을 사랑하시되 끝까지 사랑하시니라." "3 저녁 먹는 중 예수는 아버지께서 모든 것을 자기 손에 맡기신 것과 또 자기가 하나님께로부터 오셨다가 하나님께로 돌아가실 것을 아시고 4 저녁 잡수시던 자리에서 일어나 겉옷을 벗고 수건을 가져다가 허리에 두르시고 5 이에 대야에 물을 담아 제자들의 발을 씻기시고 그 두르신 수건으로 씻기기를 시작하여…" "15 내가 너희에게 행한 것같이 너희도 행하게 하려 하여 본을 보였노라." 이 기록들이 다 그것을 보여 준다. 그리고 위에 인용한 말도 등장한다.

이 중에서 나는 '죽으면…'이라는 말을 특별히 무거운 심정으로 듣는다. 그것이 곧바로 현실이 되었음을 지금의 우리는 알고 있기 때문이다. 아닌 게 아니라 그의 죽음이 그러했다. 그는 마치 땅에 떨어져 자신은 죽고 대신 많은 열매를 맺은 한 알의 밀처럼 그 자신과 꼭 닮은 무수한 새 밀알들을 이 지상에 남겼다. 아니, 지금도 계속해서 남기고 있다. 모르긴 하지만 그건 지구가 없어지지 않는 한 앞으로도 거의 영원히 지속될 것이다. "자기 생명을 사랑하는 자는 잃어버릴 것이요 이 세상에서 자기 생명을 미워하는 자는 영생하도록 보존하리라." 위의 말에 곧바로 이어지는 이 말이 이미 그것을 예고했다. 영원 혹은 영생이다. 예수는 그야말로 이 세상에서 자기 생명을 미워했다. 표현은 좀 낯설고 어색하지만, 이건 결국 이 세상의 삶에 집착하지 않았다는 뜻이다. "나의 원대로 마옵시고 아버지의 원대로 하옵소서"(Πάτερ μου, εἰ δυνατόν ἐστιν, παρελθάτω ἀπ' ἐμοῦ τὸ ποτήριον τοῦτο: πλὴν οὐχ ὡς ἐγὼ θέλω ἀλλ' ὡς σύ)라는 저 유명한 말이 그 무집착을 상징적으로 알려준다. 그 결과가 '십자가'였다. 그 십자가상의 죽음이 그의 생명을 지금처럼 영생하도록 보존했다. 그는 죽어서 열매 맺는 그 원리를 꿰뚫어 알고 있었다. 어디 밀알뿐이겠는가. 논밭의 모든 알곡들이 다 그렇고, 고구마와 감자도 또한 그렇고, 나무의 과실들도 다 마찬가지다. 자신이 죽어 썩으면서 다음 열매들을 맺게 한다. 이 세상 모든 부모들도 또한 마찬가지다. 죽음은 희생을 상징한다. 그런 희생적 죽음이 있는 것이다. 그래서 그것은 숭고하고 성스러운 것이다.

예수를 닮아 죽음으로써 영원한 생명을 보존한 경우들을 우리는 역사 속에서 적지 않게 발견한다. 직접적으로는 베드로와 바울이 그렇다. 순교한 그들의 이름도 아마 역사에서 영원히 지워지지 않을 것이다. 그런 지속을 누가 생명이 아니라 말할 수 있겠는가. 숨 쉬고 밥 먹는 것만이 생명이겠는가. 사라지지 않음, 지워지지 않음, 잊히지 않음이 생명인 것이다. 그 기나긴 시간을 생각해보라. 그들은 모두 무려 2천 년이 넘도록 기억되고 있다.

철학의 세계에서는 소크라테스가 그런 밀알이었다. 그 죽음으로 인해, 그는 철학이라는 나무에 많은 열매들을 맺었다. 진정한 지, 진리, 선, 아름다움, 우정, 용기, 경건, 사랑 … 그런 가치의 열매들이다. 그가 만일 독배 대신 도주를 선택했더라면 이런 가치들도 아마 빛을 잃었을 것이다. 적어도 이런 가치들이 소크라테스라는 이름과 곧바로 연결되지는 못했을 것이다.

적지 않은 한국인들은 이 문맥에서 어쩌면 이순신과 안중근의 이름을, 그리고 "필생즉사, 필사즉생"이라는 말을 떠올릴지도 모르겠다. 그들 또한 '이 세상에서 자기 생명을 미워하는 자'였다. 생명에 집착하지 않았다. (남을 죽이고 자기만 살려는 자들과는 너무나 달랐다.) 이런 이름들을 우리가 잊지 말고 기억해야 할 이유가 그 숭고한 자기희생에 있다. 죽어서 사는, 죽어서 살리는 희생이다. 그런 희생의 대표가 지금도 온 세상의 저 헤아릴 수 없이 많은 십자가에서 살아 빛나고 있다. 그의 이름이 예수였다. 사람들은 그를 '신의 아들'이라고 불렀다.

48. 가지가 포도나무에 붙어 있지 아니하면 절로 과실을 맺을 수 없음같이

"내가 참 포도나무요 내 아버지는 그 농부라, 무릇 내게 있어 과실을 맺지 아니하는 가지는 아버지께서 이를 제해버리시고 무릇 과실을 맺는 가지는 더 과실을 맺게 하려 하여 이를 깨끗케 하시느니라. 너희는 내가 일러준 말로 이미 깨끗하였으니, 내 안에 거하라. 나도 너희 안에 거하리라. 가지가 포도나무에 붙어 있지 아니하면 절로 과실을 맺을 수 없음같이 너희도 내 안에 있지 아니하면 그러하리라.(καθὼς τὸ κλῆμα οὐ δύνα ται καρπὸν φέρειν ἀφ' ἑαυτοῦ ἐὰν μὴ μένῃ ἐν τῇ ἀμπέ λῳ, οὕτως οὐδὲ ὑμεῖς ἐὰν μὴ ἐν ἐμοὶ μένητε.) 나는 포도 나무요 너희는 가지니, 저가 내 안에 내가 저 안에 있으면 이 사람은 과실을 많이 맺나니, 나를 떠나서는 너희가 아무것도 할 수 없음이라. 사람이 내 안에 거하지 아니하면 가지처럼 밖에 버려져 말라지나니, 사람들이 이것을 모아다가 불에 던져 사르 느니라."(요한 15:1-6)

예수가 비유를 즐겨하였다는 것은 제법 유명하지만, 자기 자신을 포도나무에 비유하였다는 사실은 일반인들이 잘 알지 못한다. 크리스천이라면 '모든 나무들 중에서 포도나무는 특히 복되도다'라고 할 만하다. 이른바 '신의 아들'이 자신을 포도나무에 빗대었으니까. 포도나무로서는 엄청난 영광이 아닐 수 없다. 나는 개인적으로 포도를 좋아하는지라 이 비유가 특별히 가슴에 와 닿는다.

그런데 왜 예수는 이런 비유를 한 것일까? 어렵지 않다. 열매를 맺으라는 말이다. 그러려면 가지가 나무에 붙어 있어야만 한다는 말이다. 제자들에게 당부한 말이니 자기를 떠나지 말고 자기 안에 거하라는 뜻이다. 그러지 않으면 아무 쓸모가 없어 불쏘시개밖에 되지 못한다는 것이다.

나무와 가지와 열매의 관계, 더 보태자면 농부와 나무와 가지와 열매의 관계, 이 관계를 우리는 잘 들여다볼 필요가 있다. 신과 그리스도와 제자와 행실의 관계로 이 비유는 해석된다. 그런데 "내 안에 거하라"는 것은 무슨 뜻일까? 예수의 말 속에 힌트가 있다. "너희는 내가 일러준 말로 이미 깨끗하였으니"라는 게 그것이다. 그의 말로 깨끗해지고 그 깨끗함을 유지하라는 것이다. '내가 일러준 말'? 그게 뭐였지? 이 책에서 바로 그 말들을 소개하고 있다. 마태복음의 산상수훈 혹은 누가복음의 평지수훈이 대표적이다. 그 안에 허심, 긍휼, 화평, 용서 … 등등이 있다. 무엇보다도 요한복음에 보이는 "서로 사랑하라"는 말은 그 핵심 중의 핵심이다. 보석처럼 반짝이는, 소중한 말들이 아닐 수 없다. "이 말들로 이미 깨끗하였으니"라는 것은 중요한 시사를 포함한다. 이 '말들'이 사람을 깨끗하게 하는 세정제 역할을 혹은 청정기 역할을 한다는 것이다. 마음을 비운 사람, 남을 불쌍히 여기는 사람, 화평케 하는 사람, 용서하는 사람, 이웃을 사랑하고 하나님을 사랑하고 원수까지도 사랑하는 사람 … 그런 사람은 '깨끗한' 사람이라는 것이다. 아닌 게 아니라 그렇다. 그들의 마음은 눈처럼 희다.

세상엔 더럽고 지저분한 사람들이 너무나 많다. 마음속에 시커먼 욕심이 그득한 사람, 남의 불쌍함 따위는 아랑곳없고 자기만 혹은 자기 패거리의 이익만 생각하는 사람, 화평을 싫어하고 분란을 일으키는 사람, 심지어 침략 전쟁을 일으키는 사람, 용서는커녕 작은 실수에도 분개하며 반드시 분풀이를 하고야 마는 사람, 미움과 증오로 혹은 혐오로 가슴속을 가득 채우는 사람 … 우리의 여실한 현실들이다. 그런 사람들이 지금 우리가 사는 이 세상을 주도하고 있다.

예수라는 포도나무는 지금 심한 가뭄을 겪고 있다. 세상에 교회는 성업 중이지만 포도나무에 제대로 붙어 있는 가지가 과연 얼마나 되는지는 의심스럽다. 알 수 없는 어느 날, 포도 열매를 따러 농부가 포도원에 들어올 때 과연 어떤 표정을 지을지 나는 몹시 걱정이 된다. 그러나 참 신기하다. 이런 극

심한 가뭄 속에서도 포도나무는 여전히 열매를 맺는다. 나는 주변에서 그런 탐스런 열매들을 적지 않게 목격한다. 그 열매들은 예수라는 나무의 영양과 맛을 그 과육 안에 듬뿍 담고 있다. 그들의 표정과 말과 행동에서, 아니 그들의 삶에서, 그 다디단 맛이 느껴진다. 평범한 일반인인 나에게도 그것이 이리 아름답게 느껴지는데, 그 선생인 예수와 그 주인인 하나님에게는 오죽 이쁘게 보이겠는가. 나는 예수라는 포도나무에 단단히 붙은 그 가지들이 해마다 탐스런 포도 열매들을 주저리주저리 매달고 대풍을 이루기를 기대해 마지않는다. 그리고 그들의 말과 행동이 상급의 포도주로 숙성돼 그윽한 향기를 풍겨내기를, 그리고 사람들의 메마른 목을 축여주기를 기다린다. 나는 그런 향기 그윽한 아주 좋은 와이너리를 한 군데 알고 있다. 한동안 그 맛에 취해 지냈다. 그곳을 예수의 이름으로 축복한다.

49. 주는 것이 받는 것보다 복이 있다

"주는 것이 받는 것보다 복이 있다."(Μακάριόν ἐστιν μᾶλ λον διδόναι ἢ λαμβάνειν.)(사도 20:35)

사도행전에서 바울이 전하는 예수의 이 말은 기독교 정신의 일면을 아주 잘 보여주는 상징적인 울림을 갖는다. '주는 것'(διδόναι)이라는 말 때문이다. 예수의 가르침, 그리스도의 가르침, 즉 기독교의 핵심 중 하나가 바로 이 '주는 것'이라고 나는 이해한다. 참으로 아름다운, 그러나 감당하기 버거운 그런 단어다.

사람들은 보통 '받는 것'(λαμβάνειν)을 좋아한다. 생일이나 기념일이나 크리스마스 때, 선물을 받아본 사람은 바로 이것을 자기 안에서 확인할 수 있다. 용돈을 받았을 때도, 상을 받았을 때도, 칭찬을 받았을 때도 그렇다. 무엇보다 월급을 받았을 때를 떠올려보라. '받는 것'이 '복된'(=행복한) 일(μα κάριος)이라는 것에는 이의가 있을 수 없다. 그 복됨은 사실 우리 인간들의 삶에는 물론 이 우주에도 가득 차 있다. 그 모든 게 다 우리가 '받은' 것이다. 더욱이 무상이다.

그런데 우리는 그 '받음'이 '줌'의 결과라는 것을 곧잘 망각한다. 존재하는 모든 것이 실은 우리에게 '주어져' 있는 것이다. 철학자 하이데거는 '존재한다'는 것 자체가 '그것이 준다'(Es gibt)와 같은 뜻이라고 해석한다. 주어진 것, 즉 '선물'(Gabe)이라는 말이다. 그래서 존재에 대한 그의 '사유'(Denken)는 '감사'(Danken)로 연결되기도 한다. 기독교적으로 해석하자면 일체존재가 다 신의 창조에 의해 주어진 것이고 그것이 바로 거룩한 사랑이기도 했다. 그처럼 '받는 것'은 복된 일임이 분명하다.

그런데 우리는 그 '받는 것'이 '고마운 것'인 줄을 보통 잘 모른다. 당연한 것으로 여기거나, 혹은 덜 받았다고 투덜대거나 못 받았다고 원망하기도 한다. 그게 사람이다. 심지어 어떤 못된 자식은 부모가 돈을 주지 않는다고, 못 받았다고 집에 불을 지르거나 칼을 휘두르기도 한다. 복을 못 받았다며 하늘을 원망하는 것도 다반사다. 이미 받은 것의 고마움을 전혀 모르는 것이다.

바로 그 지점에서 예수가 등장한다. 예수는 '받는 것'보다 오히려 '주는 것'을 이야기한다. 주는 것이 받는 것보다 더 복되다고 말한다. 보통의 상식을 뒤집는 역발상이다. 정말일까? 사람들은 대개 주는 것보다 받는 것을 더 복되다고 여기는데, 주는 것이 받는 것보다 더 복되다는 그런 게 가능한 일인가?

나는 예수의 말에 한 표를 던진다. 세상에는 분명 그런 경우가 있고, 또 있어야만 한다. 그것은 사실 존재의 대원리이기도 했다. 기독교적으로 보자면 우리가 목도하는 이 일체존재가 절대자인 신에 의해 우리에게 '주어진' 것이다. 우리 자신인 인간도 포함된다. 생명도 당연히 포함된다. '주어진' 것이다. 기독교에서는 그것을 '창조'라고 부른다. 그 창조의 결과가 '좋음'이었다. ("하나님 보시기에 좋았더라"라는 말이 그것을 증명한다.) 그 좋음은 하나님만의 좋음이 아니라 창조된 일체존재(=삼라만상=만유) 그 자체의 좋음이기도 했다. 그 복됨(=행복)을 우리는 도처에서 발견할 수 있다. 날씨만 좋아도 경치만 좋아도 배만 불러도 확인할 수 있다. 그 모든 게 다 '주어진' 것이다. 그렇게 만유가 복된 존재를 펼치고 있다. 그러니 신의 입장에서는 그 줌이 어찌 복된 일이 아닐 수 있겠는가. "하나님 보시기에 좋았더라"라는 말이 바로 그 줌의 복됨에 대한 증거이기도 한 것이다.

'주는 것'의 그런 복됨을 하나님의 아들이라는 예수가 고스란히 이어받았다. 그는 인간들을 위해 그의 모든 것을 주었다. 생전의 고귀한 가르침과 고쳐줌은 물론 결과적으로 그의 목숨까지도 십자가에서 내어주었으니 그런 거룩함이 없다.

바로 그런 '줌'이 '복되다'고 그는 강조하는 것이다. 종교적인 해석이지만, 예수의 그런 '줌'으로 인해 모든 인류의 죄가 사함(=구원)을 '받았다'고 하니 이보다 더한 복됨이 어디 있겠는가.

이런 이야기가 황당한 종교적 담론인 것만은 아니다. 현실 속에서도 그런 복된 줌은 드물지 않게 존재한다. 자식에 대한 부모의 줌, 사랑하는 사람에 대한 연인의 줌이 대표적이다. 한량없다. 그 줌의 행복감이 받음의 행복감보다 훨씬 더 크다는 것은 사랑이라는 것을 해보면, 그리고 부모가 되어보면 곧바로 알게 된다. 설명도 따로 필요 없다. 모든 것을 다 주어도 아깝지 않다. 줄 수 있으면 주는 만큼 더 행복을 느낀다.

《아낌없이 주는 나무》(*The Giving Tree*)라는 책을 읽은 적이 있다. 아동문학가 쉘 실버스타인이 쓴 것이다. 나무 한 그루와 소년이 있었다. 소년에게 그 나무는 기댈 수 있는 친구였다. 소년은 거기서 놀기도 하고 그네를 매달아 타기도 했다. 배가 고프면 열매도 따 먹고 피곤하면 그 그늘에서 낮잠을 자기도 했다. 소년은 나무를 사랑했고 나무는 행복했다. 세월이 흘러 소년은 어른이 되었고 나무는 홀로 있는 때가 잦아졌다. 어느 날 소년이 찾아와 돈을 줄 수 없겠느냐고 했다. 나무는 열매를 내다 팔게 해주었다. 다음에는 집을 줄 수 없겠느냐고 했다. 나무는 집을 지으라며 가지를 내어주었다. 또 세월이 지난 후에 다시 찾아온 소년은 배를 줄 수 없겠느냐고 했다. 나무는 배를 만들라며 자신을 베어 가게 했다. 다 내주고 밑동만 남았지만 나무는 줄 수 있음에 행복했다. 또 세월이 흘러 늙은 소년이 다시 찾아왔을 때, 나무는 더 이상 줄 것이 없었고 소년도 더 이상 필요한 게 없었다. 소년에게 는 그저 앉아 쉴 곳이 필요했고 나무는 그 마지막 남은 밑동 을 내주어 소년을 쉬게 했다. 나무는 행복했다. … 가슴이 찡 해지는 아름다운 이야기였다. 누구나 이 이야기에서 자신의 부모님을 떠올릴 것이다.

그런 나무들이 이 세상에는 가득해 숲을 이루고 있다. 무 수한 자선가들도 기부자들도 봉사자들도 다 그런 나무들이 다. 그들은 다 내주고 빈털터리가 되어도 행복할 것이다. 사 랑하는 자는 다 아낌없이 주는 나무가 된다. 그들은 안다. "주는 것이 받는 것보다 더 복이 있다"는 것을. 그런 줌이 이 거칠고 삭막한 세상을 살 만한 곳으로 만들어간다. 그런 이들 에게 진짜 복이 햇빛처럼 쏟아져 내리기를 나는 신에게 기도 한다.

50. 내 은혜가 너에게 충분하다
내 능력은 약한 데서 완전해진다

"내 은혜가 너에게 충분하다. 내 능력은 약한 데서 완전해진
다."(καὶ εἴρηκέν μοι, Ἀρκεῖ σοι ἡ χάρις μου: ἡ γὰρ δύ
ναμις ἐν ἀσθενείᾳ τελεῖται.)(고후 12:9)

사도 바울이 전하는 예수의 이 말은 예수 생전의 말이 아
니라 이른바 부활 이후 한참 세월이 지난 뒤, "주님께서 보여
주신 환상과 계시"에서 그가 들은 말이다. 따라서 신앙을 전
제하지 않는다면 이것을 '예수의 언어'로 인정할 수 있는지,
시비의 여지가 없지 않다. 나는 그런 환상과 계시가 어떤 것
인지 전혀 알지 못하므로 '시'(是)라고도 '비'(非)라고도 말
할 처지가 못 된다. 다만, '비'라고 내치기에는 이 말의 내용
이 너무 아깝다. 그래서 그냥 진실이라 믿고자 한다.
이 말의 배경에는 바울의 고난이 깔려 있다. 한참 길어서
인용은 생략하지만, 참혹하기가 그지없다. 갇힘, 매 맞음, 죽

을 고비, 수고, 애씀, 불면, 주림, 목마름, 추위, 헐벗음 …, 거기에 더해 그는 '가시 같은 병'과 그 고통을 호소한다. 구약에 나오는 저 욥의 고통 못지않다. 그 고통을 떠나게 해달라고 세 번이나 기도하자 예수가 이렇게 말했다는 것이다. 전후 문맥을 보면 바울은 교만과 자랑을 극도로 경계한다. 그래서 그는 오직 예수가 말한 이 '약함'을 자랑한다. 거두절미하고 들으면 무슨 수수께끼 같다. 약한 데서 완전해지는 능력? 이게 무슨 소릴까? 우리는 보통 강한 것을 능력이라고 생각하지 않는가. 능력은 강한 데서 완전해지지 않는가.

그런데 예수의 말, 예수의 가르침, 기독교는 상식을 뒤집는다. 일종의 역설이다. 나는 이 말 앞에서 숙연해진다. 그리고 고개를 끄덕인다. 바울의 자랑에 미소가 지어진다. 약함은 우선 무엇보다 해치지 않기 때문이다. 그건 덕이다. 양과 사슴의 이미지가 거기에 있다. 뿐만 아니라 '약함이 지니는 특유의 강함'을 잘 알기 때문이다. 세상의 어머니들과 아내들이, 즉 보통 약하다고 하는 여성들이 그것을 알려준다. 세상의 유약한 갈대들도 그것을 알려준다. 남녀를 불문하고 무릇 인간이 지니는 유약함이 온 우주보다 강하다는 것도 이미 저 유명한 파스칼이 알려준 바 있다.

"인간은 하나의 갈대에 지나지 않는다. 자연 가운데서 가장 연약한 것이 인간이다. 그러나 인간은 생각하는 갈대이다. 그

242

를 무찌르기 위해서 전 우주가 무장할 필요는 없다. 한 줄기의 증기, 한 방울의 물도 그를 죽이기에 충분하다. 그러나 우주가 그를 무찔러도 인간은 자기를 죽이는 우주보다 훨씬 고귀할 것이다. 왜냐하면 인간은 자기가 죽어가고 있다는 사실과 우주가 자기보다 능가하고 있다는 사실을 알고 있지만, 우주는 그것을 전혀 모르기 때문이다."(파스칼, 《팡세》)

꼭 이 말이 아니더라도 우리는 약한 갈대가 강한 바람을 이겨낸다는 사실을 통해 약함의 강함을 확인할 수 있다. 그리고 이 진리를 우리는 저 노자의 철학에서도 만나볼 수 있다. 그는 "유약이 강강을 이긴다"(柔弱勝剛强. 《도덕경》 36장)고 역설했다. "약함이 도의 쓰임이다"(弱者, 道之用. 40장), "유약이 [강함보다] 위에 자리한다"(柔弱處上. 76장)는 말도 같은 취지다. 노자와 예수가 서로 통하는 것이다. 흥미로운 부분이 아닐 수 없다.

그렇다. 약함이 강함보다 세고, 약함이 강함보다 위고, 약함이 강함보다 더 유용하고, 약함이 강함을 이긴다. 그리고 약함이 강함보다 더 완전하다.

궤변이 아니다. 생각해보라, 예수와 총독 빌라도, 예수와 로마 황제, 예수와 대제사장, 누가 더 강했는가? 저들은 비교할 수 없을 정도로 막강했다. 권력은 저들에게 있었다. 그 강함이 결국 예수를 십자가에 못 박았다. 예수는 저들에 비해

한없이 약한 존재였다. 체포되었고 옷도 벗기었고 채찍질도 당했다. 그러나 진정한 승리는 과연 누구의 것이었을까? 저들의 강함은 끝내 예수를 굴복시키지 못했다. 저들은 모두 역사 속에서 흔적도 없이 사라졌고, 예수는 그 죽음 이후 오히려 영원한 생명을 얻었다. 승리자는 강한 저들이 아니라 약한 예수였다. "능력은 약함에서 완전해진다." 진리였다.

강함은 예수 당시나 지금이나 온 세상에서 의기양양하게 그 힘을 휘두른다. 그러나 그 힘은 완전하지 않다. 네로의 힘처럼 히틀러의 힘처럼 결국은 무너질 것이다. 강함 그 자체가 곧 악은 아니겠지만, 모든 강함이 다 악은 아니겠지만, 강한 것이 꼭 잘나고 자랑스러운 것만은 아닌 것이다. 우리는 그 강함이 야기하는 온갖 문제들을 잘 알고 있다. 강함은 해치기도 하고 꺾이기도 한다. 그 점을 잘 들여다보기로 하자. 그리고 약함을 업신여기지 말자. 그 약함의 위대함, 완전함을 직시하자. 그리고 그 가치를 존중해주자. 그 존중을 위해 우리는 그 가치를 가르쳐야 한다. 약자를 따돌리고 괴롭히는 저 비열함과 천박함을 우선 학교에서부터 추방하지 않으면 안 된다.

잊지 말자. 약함은 자랑거리이지 부끄러움이 아니다. 약자는 예수와 바울의 후예들이며 강자는 저 총독과 황제의 후예들이다. 약한 양과 사슴이 될 것인지 강한 늑대와 사자가 될 것인지, 그 선택이 실존적인 문제로서 매 순간 우리 앞에 가

로놓여 있다. 그 선택의 책임은 우리 각자가 져야 한다. 참고
하자. 예수는 약함에서 그 능력이 완전해진다고 말했다.

이수정 李洙正

일본 도쿄대 대학원 인문과학연구과 철학전문과정 수사 및 박사과정을 수료하고 하이데거 연구로 문학박사 학위를 취득했다. 한국하이데거학회 회장, 국립 창원대 인문과학연구소장·인문대학장·대학원장, 일본 도쿄대 연구원, 규슈대 강사, 독일 하이델베르크대·프라이부르크대 객원교수, 미국 하버드대 방문학자 및 한인연구자협회 회장, 중국 베이징대·베이징사범대 외적교수 등을 역임했다. 월간《순수문학》을 통해 시인으로 등단했고 현재 창원대 철학과 교수로 재직 중이다.

저서로는 *Vom Rätzel des Begriffs*(공저),《言語と現実》(공저),《하이데거 - 그의 생애와 사상》(공저),《하이데거 - 그의 물음들을 묻는다》,《본연의 현상학》,《인생론 카페》,《진리 갤러리》,《인생의 구조》,《사물 속에서 철학 찾기》,《공자의 가치들》,《생각의 산책》,《편지로 쓴 철학사 I·II》,《시로 쓴 철학사》,《알고 보니 문학도 철학이었다》,《국가의 품격》,《하이데거 - '존재'와 '시간'》,《노자는 이렇게 말했다》 등이 있고, 시집으로는《향기의 인연》,《푸른 시간들》이 있으며, 번역서로는《현상학의 흐름》,《해석학의 흐름》,《근대성의 구조》,《일본근대철학사》,《레비나스와 사랑의 현상학》,《사랑과 거짓말》,《헤세 그림시집》,《릴케 그림시집》,《하이네 그림시집》,《중국한시 그림시집 I·II》,《와카·하이쿠·센류 그림시집》 등이 있다.

예수는 이렇게 말했다

1판 1쇄 인쇄	2020년 11월 15일
1판 1쇄 발행	2020년 11월 20일

지은이	이 수 정
발행인	전 춘 호
발행처	철학과현실사
출판등록	1987년 12월 15일 제300-1987-36호
	서울시 종로구 대학로 12길 31
	전화번호 579-5908
	팩시밀리 572-2830

ISBN 978-89-7775-841-4   03230
값 12,000원